Dieter Kerschkamp
Raus aus der Schuldenfalle

Dieter Kerschkamp

Raus aus der Schuldenfalle

Knapp, konkret, kompetent

MOEWIG

Originalausgabe
Umschlagfoto: getty images, München
Printed in Germany
ISBN 978-3-86803-124-9

Inhalt

Vorwort

Dies ist kein überhebliches „Besserwisser"-Buch, sondern ein ehrlicher Ratgeber bei Geldsorgen. Hier wird nicht getadelt und gebrandmarkt, sondern redlich aufgeklärt. Und, schließlich: Ihnen werden in den kommenden Lektionen keine goldenen Berge versprochen, wohl aber ein nachvollziehbares Basiswissen für Ihre seriöse Entschuldung und Ihren kompetenten Umgang mit Verbindlichkeiten angeboten. Das ist machbar, denn nicht jeder, der Schulden hat, ist verschuldet. Zweitens: Nicht jeder Verschuldete ist überschuldet. Und kein einziger Überschuldeter muss zeitlebens Angst vor dem Gerichtsvollzieher haben.

Mit dem Kauf dieses Buches haben Sie den entscheidenden Schritt bereits getan: Sie sind sich selbst gegenüber aufrichtig, wollen wissen, wo Sie stehen und welche Schritte jetzt möglich und notwendig sind. Das kann wehtun, aber neben Ihrer Ehrlichkeit setzen wir auch Ihr Durchhaltevermögen voraus – beides ist weiß Gott nicht leicht! Denn über dem Thema Geld und Schulden liegt hierzulande ein Mantel des Schweigens. ***„Über Geld spricht man nicht"***, erst recht nicht über Schulden. An diesem Unsinn verdienen nicht wenige.

Denn genau dieses Schweigen, ob aus Scham, Unkenntnis oder Arroganz geboren, treibt Sie immer schneller in die täglich teurer werdende Schuldenfalle. Lassen Sie uns also über Geld reden und dessen ungeliebte Schwester – die Schulden! Sie werden überrascht sein, wie viel Sicherheit Ihnen das offene Gespräch über diese angeblichen Tabuthemen bringt, und zwar im Familien- wie im Freundeskreis, gegenüber Bankern, Gläubigern und Gerichtsvollziehern. Wir wollen, dass Sie stark werden! Daher bleibt oberstes Ziel dieses Buches, die Menschen hinter den Schulden zu sehen, sie zu verstehen und ihnen wirksam zu helfen. Und weil Paragrafen und eine Handvoll Tricks und Tipps allein nicht helfen werden, ergründen wir in den ersten Lektionen die Psychologie des Schuldenmachens. Denn erst, wenn wir uns selbst über unsere Motive bewusst werden, können wir mit der Schuldenfalle besser leben. *Wer ohne Schuld(en) ist, werfe den ersten Stein!*

Erste Lektion

Sie haben Schulden? Macht nichts!

Sie glauben, dass Sie mit Ihren Schulden und Ihrem Mini-Sparbuch nichts mehr zu lachen haben? Zwei treffende Witze, die es wirklich in sich haben, werden Sie vom Gegenteil überzeugen.

Bei Apotheker Müller klingelt das Telefon. „Hier ist die Deutsche Bank, Ihre Filiale am Rathausplatz. Herr Müller, Ihr Konto ist mehr im Soll als im Haben, also schreibt rote statt schwarze Zahlen, wie soll ich mich ausdrücken, Sie schulden uns siebentausend Euro." Der Apotheker antwortet: „Schauen Sie doch mal auf den Kontostand vor einem halben Jahr, bitte." – „Herr Müller? Ja, da hatten Sie ein Guthaben von siebentausend Euro bei uns." Der Apotheker: „Und? Hab ich Sie da angerufen?"

Ein Bauunternehmer aus Duisburg fliegt nach Zürich, um diskret sein Schwarzgeld auf einer Schweizer Bank zu deponieren. Als er die Schalterhalle betritt, umklammert er ängstlich seine

Aktentasche und schaut sich gehetzt um. Vor der Kasse senkt er seine Stimme zum Flüstern: „Ich habe zwei Millionen in bar dabei, die ich auf ein Konto einzahlen will." Sagt der Banker: „Sie können ruhig laut sprechen. Armut ist in der Schweiz keine Schande!"

Diese beiden trostreichen Geschichten, die fast wahr sein könnten, zeigen deutlich: Schulden und Geldvermögen sind stets relativ. Reichtum wird überall anders definiert und Schulden hat weiß Gott nicht nur der kleine Mann.
Betrachten wir doch einmal in Ruhe das mysteriöse Wort GELD, das uns so umtreibt. Sprache ist verräterisch und daher ist es kein Zufall, dass der von Geld abgeleitete Begriff „Geltung" positiv besetzt ist, das Wort Schuld hingegen zu dem bedrückenden Eigenschaftswort „schuldig" führt. Es sind diese Wertungen, die uns seit ewigen Zeiten in finanzieller Gefangenschaft halten und uns das Leben als Schuldner unnötig schwer machen. Hinter diesem einträglichen Erzeugen eines schlechten Gewissens steckt Methode, worüber wir noch ausführlich zu sprechen haben.

Im ganz alltäglichen Miteinander von Menschen sieht das alles anders aus, viel normaler und harmloser. Wenn ein Kneipengast am Ende eines feuchtfröhlichen Abends zum Wirt sagt: *„Schreib die Zeche mal auf den Deckel, ich hab kein Geld dabei"*, denkt sich kein Mensch etwas dabei. Und wenn einer seinen Arbeitskollegen am 25. des Monats bittet: *„Kannst du mir bis zum Ersten fünfzig Euro leihen, ich bin völlig pleite"*, ist das weder entwürdigend noch allzu peinlich. Wir haben halt Schulden bei Freddy oder Susi – na und? Dabei sind wir streng genommen einen Kreditvertrag eingegangen, haben unsere Freunde zu Gläubigern gemacht und uns selbst zu Schuldnern. Und selbst der 1.000-Euro-Kredit beim Großvater für ein neues Auto stört den Familienfrieden nicht. Immerhin hatte der Opa seinerzeit sogar noch beim Metzger anschreiben lassen. So etwas verbindet.
Im Grunde genommen ist jeder von uns bereit, anderen Kredit zu gewähren: Dem Arbeitgeber gestatten wir, bis zu jedem 30. des

Monats Schulden bei uns zu machen, und dem Hauseigentümer leihen wir jeweils eine Monatsmiete vorab. Das Thema Schulden und Kreditgewährung durchzieht also unser Alltagsleben – ganz ohne Misstrauen oder Schuldgefühle.

Dafür sind im wesentlichen drei Gründe verantwortlich, die genauer zu hinterfragen sich lohnt: die persönliche Vertrautheit, die Höhe der Schulden und ihr Verwendungszweck sowie die Rückzahlungsbereitschaft. Um mit der Vertrautheit zu beginnen: Nichts ist bei Geldgeschäften wichtiger als die gegenseitige Vertrautheit, der Einblick in die Lebensverhältnisse des anderen, das so entstehende Verständnis füreinander. Auf dieser Vertrauensbasis beruhen auch die sogenannten Handschlaggeschäfte, bei denen es durchaus um höhere Summen geht. Die Höhe der erbetenen und gewährten Kredite orientiert sich in aller Regel an den Einkommensverhältnissen der jeweiligen sozialen Gruppe, der man angehört, und ist von daher automatisch begrenzt. Anders gesagt: Ein Taxifahrer wird bei seinem Kollegen keine Schulden von zehntausend Euro machen können oder wollen. Und auch beim Verwendungszweck kappt soziale Hellhörigkeit unangemessene Kreditwünsche des anderen: Verständlicherweise wird eine Frau, die ihre Klamotten im Secondhandshop kauft, ihrer Freundin kein Geld für einen sündhaft teuren Pelzmantel leihen.

Was nun die Rückzahlungsbereitschaft angeht, so wird sie beim Schuldner schlicht vorausgesetzt – alles andere würde das Funktionieren der sozialen Gruppe gefährden. Hinsichtlich der Rückzahlungsfähigkeit allerdings werden von den Gläubigern Tag für Tag viele Augen zugedrückt, wenn der *„klamme Freund"* erkennbar in der Patsche sitzt und darüber offen redet.

So klingt der Satz *„Ich hab noch ein paar Schulden bei Peter"* in unseren Ohren eher beiläufig-normal, er drückt weder Schuldgefühle noch Hoffnungslosigkeit aus. Die soziale Kontrolle der Schuldenhöhe und deren Begleichung funktioniert im Freundes- und Familienkreis also bestens, bedarf keiner Verträge, Zinsregelungen oder Abtretungen. Erst der Schritt zu anonymen Geldverleihern macht das unbefangene Leben mit Schulden problematisch: Zwischen dem

Kreditnehmer und der Bank existiert eben keine Vertrautheit, keine Offenheit und auch keine Rücksichtnahme. Das Schuldverhältnis zeichnet sich jetzt nur noch durch stillschweigende Übereinstimmung in der Konsum- und Gewinnmaximierung aus. Es wird nicht mehr über persönliche oder soziale Verwicklungen geredet, sondern gehandelt: Der Schuldner kann endlich ungehindert seinen Konsumwünschen nachgehen, der Gläubiger seinem Gewinnstreben. Diese gefühlsfreie und kühle Beziehung kann aber niemals Grundlage eines gewohnten Vertrauensverhältnisses sein, das Nicht-Reden schlägt dann schnell in Misstrauen und Eiseskälte um. Der klassische Schuldner ist geboren, die Leichtigkeit des bisher gewohnten Geldleihens ist dahin.

Um es noch härter zu formulieren: Es haben sich zwei gesucht und gefunden, die sich besser nicht kennengelernt hätten. Kreditnehmer und Banker: Der eine ist aus seiner geordneten Welt der sozialen Bezüge herausgefallen, indem er sich locken ließ, der andere verwertet diese menschliche Schwäche äußerst routiniert, indem er weiterhin lockt – natürlich *„streng im Rahmen der Gesetze"*. Diese Gesetze und ihre konsequente Nutzung bringen es dann mit sich, dass in deutschen Großstädten wie Köln, Bremen, Hamburg oder Berlin nahezu jeder Siebte überschuldet ist und im Jahr 2007 drei Millionen Deutsche schlicht zahlungsunfähig waren – Tendenz steigend.

Banker sind eben keine Kumpel – diese eigentlich schlichte Einsicht bezahlen fast alle mit ungeahnten Katastrophen. Der in der Werbung offerierte „günstige Zinssatz" von vielleicht 7 Prozent ist eben nur der Nominalzins, nicht aber der um 50 Prozent höhere Effektivzins, von Dispo-Zinssätzen um die 15 Prozent zu schweigen. Und wenn wir die zusätzlichen Kosten für einen Ratenkredit in Form der Bearbeitungsgebühren und Restschuldversicherungsprämien dazunehmen, landen wir schnell bei 20 Prozent und mehr. Kurz und brutal: Nicht der Schuldner hat Zinsen und Kosten im Griff, sondern Zinsen und Kosten haben ihn im Griff. Das besonders Fatale daran: Es dauert lange, bis dieser Griff zur Schlinge wird, die die Luft zum Atmen raubt. Die oft gehörte, aber nur anfängliche Selbsttäuschung klingt immer gleich: *„Meine Bank tut so etwas nicht! Das wäre ja sittenwidrig! Die Banker halten sich an die Gesetze!“* Das tun sie tatsächlich, fast immer jedenfalls. Man muss nur die Gesetze kennen…

Und hier kommt jene rätselhafte Bewusstseinsveränderung ins Spiel, die Schuldner so ohnmächtig werden lässt:
In den gewohnten sozialen Kreisen mit dem üblichen Geldleih-Programm wurde offen über Schulden gesprochen. Jetzt heißt es plötzlich im gleichen Kreis auf die Frage nach deren Gesetzen: Über Geld und Schulden spricht man nicht. Die meisten können über Bankgeschäfte nichts Wesentliches oder Richtiges sagen, die anderen wollen sich und ihre Verstrickung nicht bloßstellen. Die Gründe für Nichtwissen und Sprachlosigkeit, die den Schuldner eben auch im Freundes-, Kollegen- und Familienkreis so einsam machen, sind schwer zu erkunden und gerade deswegen so wichtig. Zum einen fühlen sich fast alle den Banken gegenüber unterlegen, können und wollen deren Gesetze nicht verstehen. Zum anderen lässt das schlechte Gewissen die sonst so redseligen Kumpels verstummen, da sie schon selbst mit dem Gedanken an Kreditaufnahme gespielt haben. Das liegt dann etwa auf der Ebene von nur gedachten Ladendiebstählen: Wer am meisten gefährdet ist, grenzt sich am deutlichsten ab.

Was ist nun aber aus der lockeren Überschrift dieser Lektion: *„Sie haben Schulden? Macht nichts!“* geworden? Alles nur ein Irrtum oder in Wahrheit der Werbespruch einer Bank? Weder die eine noch die andere Unterstellung ist zutreffend, denn die Aussage bleibt richtig. Allerdings nur in einer Welt ohne künstlich erzeugte Begehrlichkeiten und ohne das Ausnutzen von leichtfertiger Schuldenmacherei – also in einer Welt ohne Banken. Diese Welt gibt es und sie funktioniert in puncto Privatkredite auch prima. Aber, und jetzt kommt der grausame Kulturschock, es handelt sich bei diesen liebenswürdigen sozialen Gruppen um ein behütetes Biotop mit geschützter Artenvielfalt. Wer allerdings mit dieser Geisteshaltung die Schalterhalle einer Bank betritt, ist schon halb verloren, obwohl Banken natürlich nicht aus sich heraus böse sind, sondern nur anders. Und zwar deutlich anders in der Bewertung von Menschen und deren persönlichen Lebensumständen, als das „Leben im Biotop" bisher gelehrt hatte. Diese Unterschiedlichkeit nicht zu begreifen, bedeutet in vielen Fällen den tragischen Beginn einer Schuldnerkarriere mit leider allzu gewissem Ausgang.

Denn Kreditvergabe ist ein standardisiertes Massengeschäft nach erprobten Kriterien. Nur so können Banken effizient arbeiten und ihre Ware Geld bestmöglich mehren. Ehescheidung, plötzliche Arbeitslosigkeit, schwere Krankheit oder überspieltes Suchtverhalten können, dürfen und werden Banken nicht beeindrucken, solange die Bonitätsprüfung bei der ersten Kreditvergabe positiv ausfällt: Fester Arbeitsvertrag, keine Vorschulden, keine negativen Schufa-Einträge. Der Rest interessiert die Bank nicht, auch nicht der Verwendungszweck. Der Kreditnehmer freut sich über das unerwartete Entgegenkommen, das ihn keineswegs misstrauisch, sondern leichtfertig macht. Und zwar deutlich leichtfertiger als je zuvor in seinem Umgang mit privater Schuldenmacherei.

Hier ist die Bruchstelle, wo sich Nachdenken lohnt. Das Ergebnis einer selbstkritischen Überprüfung sollte im Idealfall zu einem gänzlich anderen Verhältnis zur Bank führen, jetzt, wo noch alles offen und vieles möglich erscheint. Und dafür brauchen wir uns nur jene Grundsätze vor Augen führen, mit denen wir bisher im privaten Bereich bestens gefahren sind, und sie auf unsere *„neue Welt"* der Bankkredite übertragen. Beginnen wir mit der persönlichen Vertrautheit in der sozialen Gruppe. Auf unseren Banker bezogen, heißt das nun keineswegs, dass wir uns mit ihm duzen müssen oder zweimal die Woche auf ein Bier gehen. Aber sehr wohl sollte eine vertrauensvolle Atmosphäre erzeugt werden, was gerade zu Beginn einer neuen Kreditbeziehung leichtfallen wird. Je offener Sie mit der Bank über Ihre persönlichen Dinge wie Beruf, Familie oder Konsumwünsche reden, umso mehr werden Sie zum geschätzten Partner. Sehr schnell sind Sie dann keine Nummer mehr im großen Schuldenbetrieb, sondern ein Mensch, mit dem man auf gleicher Augenhöhe verhandelt.

Die Schuldenhöhe und der Verwendungszweck können so viel besser gewürdigt werden als in der sonst üblichen anonymen Beziehung. Ihr Banker wird diese Offenheit zu schätzen wissen und als echter Berater die Verhandlungen mit Ihnen ganz anders führen. Die Belohnung für Ihr ungewohntes, mutiges Vorgehen folgt auf dem Fuße: Sie werden eingeweiht in die Gesetze des Kreditgeschäftes, Sie erfahren vertrauensvoll deren Tricks und Fußangeln, aber auch den Weg zu weitaus günstigeren Zins- und Laufzeitkonditionen. Und in dem Moment, wo Ihr Banker Ihnen eine sündhaft teure, kreditfinanzierte Karibikreise ausredet, haben Sie gewonnen. Ganz richtig: Gewonnen! Durch Ihre Erzählungen weiß er nämlich von einer bevorstehenden, kostspieligen Zahnbehandlung bei Ihrer Frau ebenso wie von dem alten, reparaturbedürftigen Auto oder der erschreckend hohen Nachzahlung für Heizkosten. Hätten Sie den Kredit unter Palmen voll ausgeschöpft, wäre bald ein neuer Kredit mit hohen Umschuldungskosten fällig geworden. Dank der deutlich billigeren Variante „Urlaub in der Türkei“ haben Sie noch Spielraum für zwingend notwendige Ausgaben.

Auch Ihre Rückzahlungsbereitschaft wird im Lichte der von Ihnen selbst häufig überschätzten Rückzahlungsfähigkeit überprüft, und zwar in frühzeitigen und hilfreichen Gesprächen zwischen Ihnen und Ihrem Banker. Denn zu hohe Monatsraten machen Menschen mürbe und führen häufig zu weiteren Kreditaufnahmen. Ihre wesentlichen und notwendigen Lebensführungskosten müssen bezahlbar bleiben, was aber nur funktionieren kann, wenn Ihr Banker diese kennt. Auch dieser Aspekt entscheidet wesentlich darüber, ob aus Ihren Schulden eine Schuldenfalle wird.

Zweite Lektion

Sie sind verschuldet? Ruhig Blut!

Nehmen wir einmal an, dass Sie einen Ratenkredit bei der Bank abstottern müssen, bei einem Versandhaus Schulden haben und die letzte Handy-Rechnung jede Menge Ärger erwarten lässt, weil das Konto nicht genügend Deckung aufweist. Außerdem droht eine heftige Nachzahlung für Heizkosten. Sie haben es also mit vier Gläubigern zu tun, denen Sie insgesamt ein Vielfaches Ihres monatlichen Einkommens schulden. Das ist nun eine gänzlich andere Situation als die Rückzahlung von vielleicht 100 Euro an einen guten Freund. Wenn bis dahin der Satz gegolten hatte: *„Ich habe ein paar Schulden, na und!"*, kommen wir jetzt an einem klaren Eingeständnis nicht mehr vorbei. Sie sind verschuldet.

Diese deutliche Selbstbeschreibung vertreibt den gefährlichen Nebel, der hierzulande über allen Geldgeschäften liegt und häufig genug den Blick verstellt. So falsch es wäre, die Augen zu verschließen, hilft Ihnen Panik aber erst recht nicht weiter. Dazu besteht auch kein Anlass. Versuchen wir es einmal mit einer ruhigen Analyse der Situation.Jede Bewertung einer Verschuldung setzt zunächst eine

umfassende Auflistung Ihrer monatlichen Einnahmen und Ihres sonstigen Vermögens voraus. Dabei müssen Sie von dem echten Nettobetrag ausgehen, der Ihnen als Gehalt, Lohn oder Rente/ALG überwiesen wird. Daueraufträge und Lastschriftbuchungen dürfen Sie zunächst beiseite schieben, da sich dahinter auch überflüssige Belastungen verbergen können. Diese „stillen Reserven" aber lassen sich in angespannten Situationen durchaus zu Geld machen. Ratsam ist es, von einem dreimonatigen Einnahme-Check auszugehen, denn dann können Sie eventuelle Weihnachts- oder Urlaubsgelder sowie Überstunden und Provisionen mit einbeziehen. Und bereits jetzt dürfte vielen ein Stein vom Herzen fallen: Es kommt mehr Geld herein, als ursprünglich angenommen. Wer nur auf den nächsten Ersten starrt, rechnet sich möglicherweise selbst arm.
Ähnliches gilt für die Vermögensaufstellung, zu der Sparbücher aller (!) Familienmitglieder ebenso gehören wie das Zweitauto oder in Aussicht gestellte Geldgeschenke für den noch fernen Geburtstag. Denn unter Umständen wird es notwendig werden, diese Posten ganz oder teilweise zu aktivieren, sprich: zu Bargeld zu machen, um die Verschuldung in den Griff zu bekommen. Dieser Gedanke mag vielen als Zumutung erscheinen, sollte aber besser als der erste Schritt zu einer persönlichen Verzichtbereitschaft verstanden werden. Das ist umso wichtiger, da Sie zum gegenwärtigen Zeitpunkt noch frei und selbstständig agieren können.

Bleiben wir zunächst bei den realen Kontobewegungen der kommenden drei Monate und betrachten die Daueraufträge und Lastschriften etwas genauer. Na klar: Miete, Nebenkosten, Strom, TV-Gebühren und die Kfz-Versicherung müssen und sollen auch pünktlich bezahlt werden, ebenso wie die ärgerliche Lastschrift über viel zu hohe Handy-Kosten, ohne die es aber keinen Handy-Vertrag gibt. Wer aber monatlich seine Lebensversicherung oder die Prämien für einen Bausparvertrag abbuchen lässt, ist schon fündig geworden: Es reicht ein kurzes Schreiben an die jeweilige Versicherung, den Vertrag für drei Monate beitragsfrei zu stellen und die entsprechenden Daueraufträge umgehend zu kündigen. Auch die von Ihnen so großzügig eingeräumten Lastschriften für Zeitungen/Zeitschriften, Fitness-Club,

Buchgemeinschaften und ähnliches bergen ein Geldpotenzial in sich. Lassen Sie einfach die Lastschriften zurückgehen und bitten um Rechnungsstellung. Damit haben Sie bis zur Bezahlung wertvolle Zeit gewonnen und Zeit ist in Ihrer angespannten Finanzlage Geld.

Aber möglicherweise ist noch mehr Luft drin. Wenn Sie mit Ihrer Bank auf gutem Fuß stehen, und das sollten Sie immer (!) anstreben, können Sie unter Schilderung Ihrer ja nur kurzfristigen Belastung sehr wohl über eine zeitlich befristete Aussetzung der Monatsraten verhandeln. Sehr wahrscheinlich wird Ihnen statt dessen eine Kontoüberziehung angeboten, die Sie aber wegen der hohen Dispo-Zinsen ablehnen sollten. Denn es ist allemal besser, beispielsweise drei Monatsraten an die Laufzeit des Kredits anzuhängen, anstatt sich aktuell höher zu verschulden. Je größer das Vertrauensverhältnis zwischen Ihnen und der Bank ist, umso wahrscheinlicher kommt es zu der erbetenen Aussetzung.
Wenn das nicht gelingen sollte, müssen Sie wohl oder übel die monatlichen Kreditraten als zwingende Ausgaben ansehen, ebenso wie die Handy-Lastschrift. Damit ist klar, dass Sie zwei der vier Gläubiger termingerecht befriedigen müssen, um Ihren Status als „nur Verschuldeter" aufrecht zu erhalten. Das muss unbedingt auch so bleiben, bevor Mahnungen, Kündigungen oder Zwangsvollstreckungen Ihnen das Leben schwer machen. Ihr intelligentes Schuldenmanagement steht jetzt allerdings vor zwei harten Bewährungsproben: Sie müssen sich mit den Forderungen der zwei übrigen Gläubiger auseinandersetzen und schlimmstenfalls Ihr privates Restvermögen einbringen.

Was Ihre Schulden beim Versandhandel und beim Energieversorger angeht, lohnt es allemal, in höflichen und konkreten Schreiben ihre kurzfristigen Finanzprobleme zu schildern und die Zahlung in drei gleichen Monatsraten vorzuschlagen. Wenn Sie bislang noch nicht als säumiger Zahler aufgefallen sind, stehen Ihre Chancen gut. Denn angesichts der zunehmenden Verschuldung beträchtlich vieler Bürger sind Ihre Gläubiger Kummer gewohnt, und mit Ihren frühzeitigen und mutigen Briefen machen Sie durchaus Punkte. Immerhin dokumentieren Sie nicht nur Ihre klare Zahlungsbereitschaft, sondern zugleich auch Ihre Zahlungsfähigkeit – wenn auch auf drei Raten. Ihre Schulden sind damit zwar nicht vom Tisch, aber die Begleichung wäre auf drei Monate gestreckt. Wenn Sie zugleich in Ihren Schreiben darauf hinweisen können, dass Sie im Vorgriff auf eine gütliche Einigung bereits das erste Drittel der Schuldsumme überwiesen haben, erhöht dieser Schritt Ihre Chancen beträchtlich. Versetzen Sie sich in die Lage Ihrer Gläubiger: Die halten nicht nur ein freundlich formuliertes und offenherziges Schreiben von Ihnen in Händen, sondern sehen auch den Zahlungseingang als Beweis dafür, dass Sie die vorgeschlagene Abmachung einhalten. Und dies alles, bevor die erste Mahnung erfolgte. Solche Schuldner sind gern gesehen!

Sollten Sie wider Erwarten mit Ihrem Vorgehen auf Granit beißen und die Gläubiger auf sofortiger und vollständiger Bezahlung bestehen, haben Sie zwar eine Schlacht verloren, aber noch lange nicht den Krieg. Denn Sie haben die Kraft und die Möglichkeit, mit eigenen Mitteln die Finanzkrise abzuwenden – und das muss Ihr oberstes Ziel bleiben. Ganz falsch wäre es jetzt, den Verlockungen eines möglichen Dispo-Kredits nachzugeben, denn dann zahlen Sie Schulden mit Schulden, und angesichts der hohen Zinsen mit teuren Schulden obendrein.

Grundsätzlich gilt: Je frühzeitiger Sie Ihre Verzichtbereitschaft sich selbst gegenüber unter Beweis stellen, umso souveräner können Sie künftig, auch als Verschuldeter, durchs Leben gehen. Es ist also an der Zeit, den Wert aller Sparbücher und eben auch des Zweitautos zu ermitteln, auch wenn es weh tut. Ein Blick in die Dreimonatsbilanz zeigt genau, wie viel Geld in der Kasse fehlt. Waren Ihre Verhandlungen mit den Gläubigern ganz oder teilweise erfolgreich und konnten Sie unnötige Abbuchungen stoppen, kommen Sie unter Umständen mit einem blauen Auge davon. Erst recht, wenn Ihre Einnahmeseite freundlicher ausschaut als erwartet. Das „blaue Auge" in unserem Beispiel wäre dann die Auflösung eines Sparbuchs, im schlimmsten Fall kommt der Verkauf des Autos in Betracht.

Wir wollen die drei wichtigsten Aktivitäten eines intelligenten Schuldenmanagements festhalten: Überblick verschaffen, Verhandlungen aufnehmen, Vermögenswerte aktivieren.

Im Grunde genommen verhalten Sie sich beim Stichwort „Überblick" wie eine Unternehmung bei der Erstellung der Bilanz: Woher kommen die Zahlungsströme und wohin fließen sie? Bereits mit der notwendigen, übergenauen Auflistung aller Geldbewegungen stellt sich ein erfreulicher Effekt ein: Durch die Schriftform haben Sie Distanz zu Ihrem angeschlagenen Familienunternehmen gefunden. An die Stelle des Gefühls tritt jetzt Gewissheit über Ihre finanzielle Situation, ein ordentliches Haushaltsbuch ersetzt die Zettelwirtschaft.
Und ohne es zu bemerken, haben Sie die Ausgabenseite bereits nach Wichtigkeiten geordnet: Ein Posten wie Miete steht automatisch ganz oben, Ausgaben für Restaurantbesuche ziemlich weit unten. Diese Wertung erzeugt Klarheit. Wenn Sie nämlich schwarz auf weiß nachlesen, dass die erst ziemlich am Ende rangierenden Ausgaben beispielsweise für Tabakwaren deutlich höher sind als für sämtliche, natürlich erstrangige Energiekosten, werden die Alarmglocken schrillen. Überraschungen werden auch die Gesamtkosten für das liebe Auto auslösen, die nicht selten die Monatsmiete überschreiten. Dafür müssen Sie sich allerdings von der kleinen, aber gefährlichen Lebenslüge befreien, dass ja nur Spritkosten anfallen. Der Schreck wird Ihnen in die Glieder fahren, wenn Sie die Kfz-Jahreskosten auf zwölf Monate umlegen: Die Reparaturen, der Wertverlust, Steuer und Versicherung sowie die Kreditfinanzierung reißen ungeahnte Löcher in Ihren Etat, bevor Sie auch nur einen Kilometer gefahren sind.

Ein erster, großer Schritt ist Ihnen gelungen: Dadurch, dass Sie sich einen Überblick verschafft haben, sind Sie sensibilisiert worden, was Wertigkeiten und Wichtigkeiten Ihrer höchst unterschiedlichen Ausgaben angeht. Damit Sie haben Sie die notwendige Klarheit gewonnen, auch schmerzliche Abstriche vom gewohnten Lebensstil ins Kalkül zu ziehen, um Einnahmen und Ausgaben wieder in Gleichklang zu bringen. Diese Souveränität macht Sie stark genug, um schnell und erfolgreich Verhandlungen mit ihren Gläubigern aufzunehmen. Auch das wird Überwindung kosten, gewiss. Hinterfragen wir selbstkritisch unser Zögern angesichts dieser absolut notwendigen Aktivität, treffen wir auf Angst vor Absagen und auf ein angeschlagenes Selbstwertgefühl. Beides beruht auf falschen Einschätzungen. Sie sind zwar verschuldet, aber noch lange kein hilfloses Objekt von gnadenlosen Schuldeneintreibern. Denn selbstverständlich werden alle Gläubiger Ihre unerwartete Kontaktaufnahme zu würdigen wissen und in Verhandlungen mit Ihnen eintreten. Lassen Sie sich nicht von großen Namen beeindrucken oder der Sorge, nur eine unbedeutende Nummer zu sein. Gerade mit Ihrem ersten Schreiben, das dem Gläubiger Einblick in Ihre aktuell erschwerte Situation gewährt, haben Sie sich als Mensch hinter einem anonymen Zahlungsvorgang kenntlich gemacht. Warum sollte man schroff absagen, wenn doch eine von Ihnen skizzierte Einigung möglich erscheint?

Und was Ihr angeschlagenes Selbstwertgefühl angeht, ist es meist in der fehlenden Unterscheidung zwischen Sache und Person zu finden. Die Sache, also die offene Rechnung, ist zweifellos ärgerlich und belastend, aber Sie als dahinterstehende Person müssen dennoch unangetastet und damit handlungsfähig bleiben. Schreiben Sie also auf keinen Fall: *„Ich bedaure es so sehr, dass ich Schulden bei Ihnen habe, ich würde am liebsten vor Scham in den Erdboden versinken, können Sie mir noch einmal verzeihen…"* Beschreiben Sie vielmehr wie ein Außenstehender distanziert die Sache: *„Mein kleines Familienunternehmen ist in kurzfristige, allerdings lösbare Zahlungsschwierigkeiten geraten. Eine sorgfältige Bewertung der Einnahmen und Ausgaben ergibt, dass innerhalb von drei Monaten ein Ausgleich Ihrer Forderung möglich ist. Als gewissenhafter „Finanzvorstand" meiner Unternehmung schlage ich Ihnen deshalb vor…."* Der Unterschied ist mit Händen greifbar! Sie streuen sich keine Asche aufs Haupt oder winseln um Gnade, sondern treten selbstbewusst und mit einem kleinen Schuss Humor in Verhandlungen ein.

Die dritte und ebenso wichtige Säule Ihres intelligenten Schuldenmanagements bildet zweifellos das Aktivieren von Vermögenswerten, um mit dem Erlös Verbindlichkeiten zu bezahlen. Dies bedeutet in aller Regel einen schmerzhaften Verzicht in einigen Bereichen Ihrer gewohnten Lebensführung. Wie aber lässt sich eine rechtzeitige Verzichtbereitschaft herstellen – ohne unerträglichen Druck von außen?

Um diese Frage zu beantworten, müssen wir zunächst unvoreingenommen jene Konsumgüter und Dienstleistungen betrachten, in die unser Geld geflossen ist. Was genau haben wir eigentlich gekauft und warum? Die Antwort darauf ist wichtig, schließlich stecken wir deswegen in der aktuellen Finanzkrise.
Beginnen wir beim Ratenkredit, der uns unangenehm jeden Monat an längst vergessene Ausgaben erinnert. Je schwerer es Ihnen fällt, möglichst genau die Kaufentscheidungen von einst zu beschreiben und zu begründen, umso schlimmer. Denn dann waren diese kreditfinanzierten Ausgaben noch nicht einmal von Lustgefühlen begleitet, was immerhin ein starkes und verständliches Motiv ist, sondern erfolgten eher nebenbei, gewissermaßen unbewusst. Wenn Ihnen aber jetzt klar wird, dass die schwache Erinnerung auch noch mit schlechten Gefühlen verbunden ist, es sich also nachträglich gesehen um einen „Kauf mit Reue" handelt, haben Sie einen erheblichen Schritt für eine schuldenfreie Zukunft geleistet. Künftig treten Sie den Verlockungen des Marktes hochbewusst gegenüber, was Notwendigkeit und Finanzierbarkeit Ihrer Konsumwünsche angeht. Denn so günstig auch der Preis für diese oder jene Investition der Vergangenheit erscheinen mag, war er dennoch viel zu hoch, da fremdfinanziert.

Was wir uns mit Handy-Telefonaten erkaufen, liegt auf der Hand: Das starke Gefühl, wirklich „hip und in" zu sein – mit kleiner Münze. Das Kostenbewusstsein vieler Nutzer bezieht sich dabei auf den gerade getätigten Anruf, nicht aber auf dreißig Telefonate täglich. Die meistgehörte Selbsttäuschung für ein schnelles, wenn auch meist überflüssiges Gespräch lautet denn auch: „Hat höchstens einen Euro gekostet." Wohl wahr, wenn auch im Ergebnis wahnwitzig. Aber der geringe Preis macht das schnelle Glücksgefühl so verführerisch, denn niemand käme auf die Idee, ein einziges Gespräch für 30 Euro zu führen – und das täglich! Und erst recht nicht von einem öffentlichen Fernsprecher aus, der mit Bargeld gefüttert werden will. Da wären dann dreißig Münzen à 1 Euro auf einmal richtig viel Geld, wofür man sich vieles kaufen könnte. Aber man telefoniert ja auf Rechnung, also eigentlich so gut wie umsonst. Das Ergebnis dieser selbstbetrügerischen Kreditaufnahme – und um nichts anderes handelt es sich! – sind dann Lastschriften, die schneller in die Verschuldung führen als je geahnt. Durchbrechen Sie diese Verführung mit dem bewusstseinschärfenden Satz nach jedem Telefonat: *„Oh Gott, das hat schon wieder einen Euro gekostet! Wofür eigentlich?"*

Das Kaufen auf Kredit beim Versandhandel befriedigt vor allem unser Selbstwertgefühl als ernst genommener Geschäftspartner. Denn ungleich größer als die Freude an all den schönen, allerdings meist unnützen Dingen ist die tiefe Befriedigung, kreditwürdig zu sein. Darauf zielt natürlich die raffinierte Strategie der Versandhäuser, die genau wissen, dass Sie bei Ihrer Hausbank so ohne weiteres keinen Kredit mehr bekommen. Das in sie gesetzte Vertrauen belohnen dann auch nicht wenige Kunden mit planlosen Bestellungen, weil ihnen so der Makel eines bereits Verschuldeten erspart bleibt. Motto: Noch eine Bestellung für 39,80 Euro und schon ist der Minderwertigkeitskomplex weg. Dieser Zusammenhang ist nun fürwahr tückisch, zumal die meisten Käufer ihn nicht erkennen können oder wollen. Und doch ist es im Rahmen eines intelligenten Schuldenmanagements unvermeidlich, dass Sie sich selbst auf die Spur kommen. Nicht die anderen sind stark geworden, sondern Sie haben sich selbst schwach gemacht. Es wird Ihnen auf die Dauer überhaupt nicht helfen, auf die Verführungskünste dieser Konsumgesellschaft hinzuweisen, die mit allen Mitteln ihre Waren an den Mann oder an die Frau bringen muss. Diese Methoden hat es schon immer gegeben und wird es zunehmend stärker und verfeinerter geben. Also kann die Antwort auf die Frage, ob Sie da unbedingt mitmachen müssen, nur ein klares Nein sein. Verzicht kontra Verführung – und der Gewinner sind Sie.

Dass Sie an allen Ecken und Enden Energie sparen könnten, wissen Sie natürlich genau. Wenn nun aber die böse Heizkostenabrechnung auf dem Tisch liegt, stellt sich nur eine Frage: Warum waren Sie so verschwendungssüchtig? Die Antwort führt uns zu einer der gern verschwiegenen Wahrheiten in der dunklen Schuldenwelt: Weil die Rechnung in so unendlich weiter Ferne liegt. Warum ausgerechnet heute die Heizung drosseln, wenn die paar Cent dafür erst in einem Jahr fällig werden? Warum jetzt den energiesparenden Kühlschrank kaufen, wenn sich die Anschaffung erst in zwei, drei Jahren rechnet? Die philosophische Antwort lautet: Weil der Mensch ein genusssüchtiges Wesen ist und im Hier und Jetzt lebt, wo Aufschieben und Verdrängen schmerzfrei bleiben. Also gilt es, dem intelligenten Schuldenmanagement eine weitere Erkenntnis hinzuzufügen: Zukünftige Finanzschmerzen treten immer zum denkbar ungünstigsten Zeitpunkt auf, meist mit ungeahnter Wucht. Nur Masochisten lassen es so weit kommen.

Wem an dieser Stelle bewusst wurde, welchen bisher verdrängten und tief sitzenden Motiven er seine finanzielle Misere zu verdanken hat, kann aufatmen. Denn dieses neue Bewusstsein fördert die Verzichtbereitschaft besser als jeder Druck von außen. Neben dem Überblick und der sofortigen Aufnahme von Verhandlungen ist also der freiwillige Verzicht – z. B. auf Sparbücher oder ein Zweitauto –, mit dem Sie die aktuelle Schuldensituation wirksam entschärfen, für den intelligenten Schuldenmanager unentbehrlich. Wer diesen Dreisprung geschafft hat, kann mit dem Etikett „verschuldet" besser leben.

Dritte Lektion

Sie sind überschuldet? Handeln statt hoffen!

Bereits das Eingeständnis, verschuldet zu sein, fällt Menschen mit Geldproblemen oft schwer genug. Dabei wirkt diese klare, wenn auch schmerzhafte Selbsteinschätzung durchaus segensreich, erlaubt sie doch ein umsichtiges Gegensteuern aus einer noch ungefährdeten Position heraus, wie in der vorangegangenen Lektion zu erfahren war. Deutlich bitterer als eine Verschuldung ist allerdings die Feststellung: Ich bin überschuldet.

Das entscheidende Merkmal einer Überschuldung ist das Einstellen von notwendigen Zahlungen, weil buchstäblich kein Geld mehr vorhanden ist. Fast immer beginnt jetzt eine lähmende Resignation beim Schuldner, und der böse Satz „Geld ist nicht alles, aber ohne Geld ist alles nichts" setzt sich in den Köpfen fest. Eine angstgeborene Planlosigkeit im Umgang mit den letzten Geldbeständen macht alles noch viel schlimmer: Da werden sinnlose Teilbeträge an drohgewaltige Inkassobüros gezahlt, obwohl das Geld nicht mehr für die Miete reicht, und beim Gerichtsvollzieher werden zur Besänftigung mal wieder 100 Euro abgeliefert, die eigentlich die Stromsperre verhindern sollten. Ganz klar: Der Überschuldete befindet sich in einer dramatischen Krise, hofft auf nie eintretende Wunder und isoliert sich selbst von seiner sozialen Umgebung. Doch das Gebot der Stunde ist zwingend: Handeln statt hoffen! Gespräche suchen statt verweigern!

Leichter gesagt als getan, mag jetzt mancher überschuldete Leser traurig feststellen – und er hat leider recht damit. Ohne Frage liegt ein dornenreicher Weg vor all denen, die vielleicht vor einem Jahr noch halbwegs gut dastanden und jetzt in einem bodenlosen Schuldensumpf zu versinken glauben. Daher ist sofort eine klare Entscheidung überlebensnotwendig: raus aus der mörderischen Einsamkeit und hin zu einem vertrauenswürdigen Menschen, dem man sich vollständig offenbart. Das kann ein stabiles Familienmitglied sein, ein belastbarer Freund oder ein professioneller Schuldnerberater. Dieser Schritt unterbleibt fast immer deshalb so lange, weil Scham und Schuldgefühle stärker als jede Vernunft sind. Da hilft es auch wenig, auf vergleichbare Schicksale von Millionen anderer Schuldner zu verweisen, weil jede Schuldenfalle anders ist und eine Selbsthilfegruppe von Betroffenen wohl zum Scheitern verurteilt wäre.
Untersuchen wir die unterschiedlichen Einflussgrößen, die zur Überschuldung geführt haben, finden wir schnell die entscheidenden Unterschiede. Woher kommt also Überschuldung? Zum einen liegt der Grund in schlichter Leichtfertigkeit, ist also im persönlichen Verhalten angesiedelt, zum anderen in Überforderung beim Managen von schweren Schicksalsschlägen, liegt also im sozialen Bereich begründet. Die plötzliche Arbeitslosigkeit mit dem unerwartet schnellen Absturz in die Hartz-IV-Welt kann ein solcher Schlag sein, ebenso wie eine dramatische Ehescheidung, eine schwere Krankheit oder das Schicksal arbeitsloser Alleinerziehender mit dem Stichwort Kinderarmut.
Ob nun der Einzelne sich in der waghalsigen Finanzierung seiner Konsumträume verstrickt hat oder aber versucht, durch Schuldenaufnahme soziale Notlagen erträglich zu machen, ist den Gläubigern zunächst einerlei. Für sie sind Schuldner fortlaufend nummerierte Fälle, denen mit allen Möglichkeiten des Gesetzes zu Leibe gerückt wird.

Diese bedrückende Unterschiedslosigkeit beim Schuldeneintreiben lastet schwer auf den Betroffenen, zumal bei der verständlichen Abwehr sozialer Notlagen. Aber eine deutliche Mitschuld tragen auch sie, denn Schulden werden umso anonymer, je weniger ihre Entstehung öffentlich gemacht wurde. So erschließt sich aus der dürren Akte einer Kontopfändung eben nicht die ehemals verzweifelte Notlage, in der Kredite aufgenommen wurden. Gerichtsvollzieher und Vollstreckungsgerichte arbeiten nach formaljuristisch korrekten Äußerlichkeiten, keineswegs aber nach Inhalten. Bei Überschuldeten entsteht dann schnell jene verständliche Mischung aus Wut, Ohnmacht und Verzweiflung, die aber fast immer auf einen Nenner hinausläuft: das gedankenlose oder schamhafte Nicht-Reden über die Auslöser der Katastrophe. Dieses schädliche Schweigen muss also jetzt beendet werden – und dafür ist es eben nicht zu spät! Dabei gilt das Motto: Wenn nicht jetzt, wann dann?

Versuchen wir doch einmal, gemeinsam eine Kultur des Redens zu formulieren, um den Tiefpunkt zu überwinden. Die Kunst eines sich selbst offenbarenden Finanzgesprächs lässt sich lernen und nach der ersten Phase der Überwindung erwachsen daraus Flügel. Lesen Sie hier die sieben goldenen Regeln für das Ende jener Sprachlosigkeit, die Sie ins Chaos führte.

Erste Regel: *Vermeiden Sie unklare oder unwahre Angaben über den Beginn und Verlauf Ihrer Schuldenkarriere. Außer Ihrer Glaubwürdigkeit haben Sie nichts mehr zu verlieren und daher sind Lügen in Ihrer Situation das Dümmste.*

Zweite Regel: *Holen Sie weit aus in Ihren Erinnerungen, berichten Sie ebenso von Fakten wie von Gefühlen. Schildern Sie unbedingt auch die damalige Freude über einen bewilligten Kredit, denn auch diese Emotion ist Teil Ihrer ganz persönlichen Leidensgeschichte.*

Dritte Regel: *Wenn es Ihnen zu schwer fällt, demütigende Episoden wie beispielsweise den ersten Besuch des Gerichtsvollziehers in der Ich-Form zu erzählen, sprechen Sie einfach in der dritten Person von sich. Also: „Er wusste nicht, wie ihm geschah…"*

Vierte Regel: *Halten Sie ein Taschentuch bereit, damit Sie Ihren Tränen freien Lauf lassen können. Dafür müssen Sie sich nicht schämen, sondern sollten eher erleichtert darüber sein, dass endlich die unterdrückten Gefühle herauskommen.*

Fünfte Regel: *Antworten Sie sofort, spontan und wahrheitsgetreu auf die Fragen Ihres Gegenübers, anstatt weiter an Legenden zu stricken. Sie müssen keinen Eindruck schinden, sondern zur Wahrheit finden.*

Sechste Regel: *Suchen Sie während des Gesprächs immer den Augenkontakt zu Ihrem Partner. Das zwingt Sie zu einer höheren Aufrichtigkeit, als wenn Sie den Blick abwenden. Das ewige Wegschauen hat Sie ja schließlich in die Überschuldung getrieben.*

Siebte Regel: *Setzen Sie sich keinesfalls unter Zeitdruck. Ein so entscheidender Wendepunkt in Ihrem Leben muss ausführlich gewürdigt werden. Immerhin geht es um das Zurückgewinnen Ihrer Selbstachtung und Ihrer Selbstsicherheit.*

Ihr Leben als Schuldner liegt nun vor Ihnen ausgebreitet – endlich! Erleichtert und durchaus mit einem Gefühl der Überlegenheit können Sie nun auf die Phasen Ihrer Leichtfertigkeit, Ihrer aus der Not geborenen falschen Entschlüsse, Ihres mangelnden Ratsuchens und Ihres Davonlaufens zurückblicken. Ganz richtig: zurückblicken! Denn mit Ihrem Mut zur eigenen Wahrheit haben Sie die wohl bedrückendste Phase Ihres Lebens gemeistert. Schlimmer kann es nicht mehr kommen – und dieses starke Gefühl verleiht Ihnen Flügel. Stück für Stück können Sie nun das Trümmerfeld aufräumen, das Sie vorher überhaupt nicht wahrnehmen konnten. Dieses Verhalten wird auch als „Wahrnehmungsblockade" bezeichnet: Anfangs noch von Ihnen gesteuert, dann aber weitgehend selbstständig, schottete Ihr Gehirn alle Informationen ab, die mit dem Thema Schulden zu tun haben. Denn von der Natur ist es so eingerichtet, dass unser Gehirn alle schmerzerzeugenden Impulse aussortiert, die von außen an uns herangetragen werden. Ansonsten wäre der Mensch nicht überlebensfähig. Natürlich unbewusst, aber sehr geschickt haben Sie Ihrem Gehirn die Anfangsinformation gegeben, dass Schulden gleich Schmerz sind – die große Wahrnehmungsblockade wurde dann automatisch erzeugt. Darum ist es ja so schwer, diese Blockade aufzubrechen, weil sie lange und vorzüglich funktioniert hat.

Ein wirksames Mittel gegen diese Denkblockaden bildet das Reden über die Schuldenproblematik – und zwar von Anfang an. Das hartnäckige Verschweigen nährt sich aus zwei Quellen: einerseits aus persönlicher Scham, zum anderen aus der großen gesellschaftlichen Tabuisierung. Beides führt in die Vereinsamung von Schuldnern und in die Anonymisierung der geliehenen Beträge, wie wir in den vorausgegangenen Lektionen gelernt haben. Besser als bisher mit der Schuldenfalle zu leben, setzt zwingend die Kenntnis jener Abläufe voraus, die wir Ihnen als Psychologie des Schuldenmachens nahegebracht haben.

Vierte Lektion

„Ich bringe den Schuldnern Ihre Selbstachtung zurück!"

Den Weg zu ihnen finden leider viel zu wenige, obwohl legal, kostenlos und effizient. Die Rede ist von den staatlich anerkannten Schuldnerberatern der Caritas und der Diakonie, in aller Regel studierte Sozialpädagogen. Einer von ihnen ist Roland Faltermaier vom Diakonischen Werk in Fürth, der sich seit 18 Jahren um die Schulden anderer Menschen kümmert. Sein Arbeitsmotto macht Mut: „Ich bringe den Schuldnern ihre Selbstachtung und ihre Stimme zurück!" Doch nicht nur seine noble Einstellung ist überraschend, sondern auch seine Erfolgsstrategie.

Frage: *Viele Menschen wollen glauben, dass alkoholisierte Hartz-IV-Empfänger Ihnen einen Schuhkarton mit ungeöffneten Briefen auf den Schreibtisch stellen und anderntags schuldenfrei sind. Was ist an dieser Einschätzung richtig?*

Antwort: Nichts, absolut nichts. Aber der Reihe nach. Wenn sich herausstellt, dass jemand suchtkrank ist, vermittele ich diesen Klienten in eine geeignete Therapie. Das gilt für Alkohol wie für Rauschgift oder Spielsucht. Zweitens sind mehr als 60 Prozent der Ratsuchenden keine Arbeitslosen, sondern Menschen in fester Arbeit, Rentner, Freiberufler, Beamte, auch Akademiker.
Die Nummer mit dem Schuhkarton ist Unsinn: Die bösen Briefe müssen meine Klienten selbst öffnen und lesen, ich kann und will sie ja nicht wie kleine Kinder behandeln. Und der Prozess einer seriösen Entschuldung ist eher in Jahren zu messen, sicherlich nicht in Tagen.

Frage: ***Aber sie sagen doch von sich selbst, dass Sie den Schuldnern ihre Stimme zurückgeben. Heißt das nicht, die Verantwortung für diese Verzweifelten zu übernehmen?***

Antwort: Nein. Ich begleite sie, ich berate sie, ich zeige Wege zur Selbstverantwortung auf. Aber zunächst einmal müssen sie ihre eigene Stimme erheben – bei mir im Gespräch.
Es ist unverzichtbar, dass ich möglichst viel über das Leben meiner Klienten erfahre, wobei ich Offenheit voraussetze. Erst dann kommen wir auf die Schulden zu sprechen. Alle persönlichen Hinweise bleiben hier im Zimmer, darauf kann sich jeder verlassen.

Frage: ***Aus welchen Gruppen der Gesellschaft stammen überschuldete Menschen und was sagt die vom Statistischen Bundesamt ermittelte durchschnittliche Schuldenhöhe von 37.000 Euro tatsächlich aus??***

Antwort: Das geht quer durch alle Berufs- und Einkommensschichten, vom Arbeitslosen bis zum hochqualifizierten Mitarbeiter, vom Lehrling bis zum Beamten.
Stark zugenommen hat die Zahl der Rentner und der alleinerziehenden Mütter, aber auch junger Menschen zwischen 18 und 25 Jahren. Eine durchschnittliche Schuldenhöhe sagt wenig aus, denn eine Ziffer allein beschreibt nicht die konkrete Not im Einzelnen.

Für einen Rentner können schon 3.000 Euro Schulden äußerst bedrückend sein, weil er ja nicht mehr mit einer Verbesserung seines Einkommens rechnen kann. Jeder Fall ist anders und muss individuell angegangen werden.

Frage: ***Nehmen wir als anderes Beispiel die Gruppe der alleinerziehenden Mütter und Väter. In Hamburg lebt die Hälfte dieser Gruppe von Arbeitslosengeld. Ist das eine Sackgasse, an deren Ende Schuldenberge stehen?***

Antwort: Das muss keineswegs so sein, hängt auch stark von der beruflichen Qualifizierung und der aktuellen Konjunktur ab. Aber richtig ist, dass immer mehr Alleinerziehende bei mir landen. Das ist alarmierend.
Daneben gibt es Schuldner, die nicht aus sozialen Gründen in Not geraten sind, sondern aus Leichtfertigkeit. Als Schuldnerberater vertrete ich Menschen aus nahezu allen Bereichen der Gesellschaft. Wenn ein Klient mein Büro betritt, weiß ich beim besten Willen nicht, was mich erwartet.

Frage: ***Gibt es überhaupt Gemeinsamkeiten bei ihren Klienten?***

Antwort: Oh ja! Alle leiden unter extremen Schuldgefühlen. Und die müssen weg. Die Klienten müssen lernen, wieder Hoffnung zu schöpfen, und dabei helfe ich mit allen Kräften. Das ehrliche Gespräch, das Spielen mit offenen Karten, ist und bleibt dabei die entscheidende Voraussetzung. Das kann sehr weh tun, und gelegentlich fließen auch Tränen. Aber die Erleichterung ist spürbar, und die eigentliche Beschäftigung mit dem Schuldenberg fällt dann viel leichter.
Ich lasse mich dabei nicht von Gefühlen leiten, auch wenn ich in Einzelfällen stark berührt bin, sondern sehe die Sache von außen. Die Qualität meiner Beratung hängt auch von der notwendigen, professionellen Distanz ab, ohne deswegen kühl zu sein. Ich mache meinen Job mit viel Engagement und Herzblut, aber es würde wenig Sinn machen, mit meinen Klienten gemeinsam zu weinen.

Frage: *Eine Mischung aus Beichtvater und Psychotherapeut also?*

Antwort: Wenn Sie so wollen, ja. Schuldnerberatung, also das Lösen von ganz konkreten Problemen, motiviert mich ungemein, weil ich Erfolge sehe und durchaus auch Dankbarkeit erfahre. Häufig genug bin ich der erste Mensch, mit dem meine Klienten offen reden. Das fördere ich natürlich nach Kräften. Aber dann geht es ganz handfest zur Sache, denn Zuhören und Verständnis allein löst keine Finanzprobleme. Das Schaffen solcher Rahmenbedingungen ermöglicht allerdings die bestmöglichen Erfolge.

Frage: *Was ist Voraussetzung, damit aus einer Leidensgeschichte eine Erfolgsstory wird?*

Antwort: Überblick und nochmals Überblick. Was so einfach klingt, ist für meine Klienten das Schwerste. In einer Mischung aus Verdrängung und Nichtwissen sind sie fast immer in einem Chaos gelandet, was ihr Vermögen, ihre Schulden, ihre wichtigen und weniger wichtigen Verpflichtungen angeht. Leider gibt es das Schulfach „finanzieller Überblick" nicht. Wenn es in der achten oder neunten Klasse unterrichtet würde, wären viele Katastrophen vermeidbar.
Nehmen wir ein ganz einfaches Beispiel: Die Kfz-Versicherung. Jeder kennt die Termine, an denen sie gezahlt werden muss. Aber obwohl das Auto notwendig ist, um zur Arbeit zu gelangen, wird nicht gezahlt, Mahnungen landen im Papierkorb. Eines schönen Tages wird das Auto von der Polizei stillgelegt, indem die Nummernschilder entwertet werden. Es droht der Verlust des Arbeitsplatzes. Das ist dann die bittere Folge einer gesetzlich zulässigen Maßnahme. Der Schuldner hat völlig den Überblick verloren, wenn er ihn überhaupt je hatte.

Frage: *Das klingt sehr hart. Was hätte der Schuldner denn tun können?*

Antwort: Er hätte sich einen Überblick verschaffen und dann Prioritäten setzen müssen. Es ist allemal besser, vorübergehend die Bezahlung von Krediten einzustellen, als lebensnotwendige Kosten wie die Kfz-Versicherung, die Miete oder Stromrechnungen unbezahlt zu lassen, was zu weit größeren Katastrophen führt. Schuldnerberatung heißt also immer, den Klienten zu einem Überblick zu verhelfen und ihnen damit das Überleben zu sichern. Dann erst ist es möglich und sinnvoll, sich mit den einzelnen Gläubigern auseinanderzusetzen.

Frage: ***Das sind doch aber nach Meinung der Schuldner seine geborenen Gegner, wie auch der Gerichtsvollzieher, der Rechtspfleger beim Vollstreckungsgericht oder der Sachbearbeiter beim Kreditinstitut. Wie soll da ein sinnvolles Gespräch entstehen?***

Antwort: Um mit Letzterem anzufangen: Für solche Gespräche bin zunächst ich da. Gleichzeitig nehme ich meinen Klienten die Angst vor ihren vermeintlichen Gegnern. Denn tatsächlich handelt es sich bei jenen um Menschen, die keineswegs bösartig sind, mit denen lässt sich reden. Wir bilden zusammen ein Kartell der Gutwilligen, auch wenn das viele meiner Klienten anfangs nicht glauben wollen. Die sind dann überrascht, wenn ich ganz einfach zum Telefon greife und mit dem Rechtspfleger bei Gericht einen Termin für sie vereinbare. Und noch überraschter sind sie dann, wenn der Rechtspfleger eine bereits erfolgte Kontopfändung wieder aufheben kann. Diese Angst vor „Amtspersonen" und Gerichten wird natürlich von gewissen Inkassobüros kräftig geschürt, auch wenn inhaltlich oft gar nichts dahintersteckt.
Neben den schon erwähnten Schuldgefühlen ist es auch schlichte Angst, die meine Klienten umtreibt. Zusammen mit einem ausgeprägten Nichtwissen und dem fehlenden Überblick ergibt das eine lähmende Resignation – der Stoff, aus dem die Albträume meiner Klienten sind. Und genau da setze ich an.

Frage: ***Warum werden Sie nicht aktiv für suchtkranke Schuldner?***

Antwort: Die Erfahrung mit dieser kleinen Gruppe lehrt leider, dass sie keine Vereinbarungen einhält und damit meine Glaubwürdigkeit leidet. Das darf ich aber im Interesse der anderen Schuldner nicht zulassen. Ich lasse jedoch niemanden im Regen stehen und kümmere mich um die Vermittlung in eine Therapie. Das schützt den Schuldner auch deswegen, weil damit leicht eine Stundung und Aussetzung der Vollstreckung erreicht werden kann.

Frage: ***Welche Ihrer Strategien wirken zu Beginn der Beratung am schnellsten?***

Antwort: Unser guter Name als anerkannte Schuldnerberatung kann schon kleine Wunder bewirken, wenn die Gläubiger das „offizielle Briefpapier" von mir in Händen halten. Das gibt ihnen die Sicherheit einer professionellen und kontinuierlichen Verhandlungsführung. Das nächste Strategieziel, nämlich die sofortige Festschreibung der Schulden ohne weitere Zinsen und Gebühren, lässt sich schnell erreichen und beruhigt meine Klienten ungemein. Die dann folgende, rasche Verhandlung über einen teilweisen Schuldenverzicht des Gläubigers verschafft meinen Klienten unverhoffte Erleichterung. Sehr hilfreich für eine gute Quote, also den noch zu bezahlenden prozentualen Betrag von den Gesamtschulden, ist es, wenn sie mit einer einmaligen Zahlung beglichen werden kann. In Einzelfällen, also zum Beispiel bei sehr geringem Renteneinkommen, lassen sich Gläubiger sogar auf Quoten von zehn Prozent ein.

Frage: ***Knirschen die Gläubiger da nicht mit den Zähnen?***

Antwort: Bei Privatpersonen kommt gelegentlich der Vorwurf, ich würde gemeinsame Sache mit den Schuldnern machen. Aber ich bin ja nicht das Inkassobüro, sondern ein Vermittler zwischen den Parteien. Auf der anderen Seite lasse ich mich auch nicht zum Komplizen meiner Klienten machen. Aber die Rechtsabteilungen großer Firmen sind über Vergleichsabschlüsse zumeist froh. So bekommen sie wenigstens einen Teil ihrer Gelder zurück. Und meine Klienten ihre Stimme, ihre Selbstachtung.

Frage: *Lassen sich auch Inkassobüros auf Vergleiche ein?*

Antwort: Mit Einschränkungen: ja. Aber da gibt es natürlich böse Buben, die bereits das Dreifache der Schulden hereingekriegt haben, also richtig Gewinne mit Schulden gemacht haben. Da muss natürlich als erstes die Rechtmäßigkeit überprüft werden. Wenn die Raten noch nicht einmal die Zinsen decken, und solche Fälle gibt es, rate ich meinen Klienten zur sofortigen Einstellung der Zahlungen. Und spätestens, wenn diese schwarzen Schafe erfahren, dass sie es mit einer anerkannten Schuldnerberatung zu tun haben, kommt es häufig zu einem kompletten Schuldverzicht. Das Geschäft mit Angst und Unwissenheit floriert nur so lange, wie es der Schuldner zulässt. Je frühzeitiger die Klienten ihren Weg zu mir finden, umso besser. Aber leider lassen sie sich häufig genug auf immer neue Verträge und Teilzahlungen ein, deren rechtliche Brisanz sie nicht verstehen.

Frage: *Gehört dazu auch die Lohnabtretung zugunsten des Gläubigers?*

Antwort: Das wird fast regelmäßig bei allen Kreditaufnahmen versucht, um somit dem Gläubiger bei Zahlungsverzug einen schnellen Zugriff auf den Lohn des Schuldners zu ermöglichen. Doch es existiert eine einfache Abhilfe, die seltsamerweise kaum bekannt ist: Jeder Arbeitnehmer kann in seinem Vertrag festschreiben lassen, dass Lohnabtretungen nicht statthaft sind. Das schützt allerdings nicht vor einer Pfändung des Gehaltskontos.

Frage: *Gibt es Hilfe bei Lohnpfändungen auf dem Konto?*

Antwort: Ja. Denn das Existenzminimum, der sogenannte nicht pfändbare Teil des Arbeitseinkommens, darf nicht angerührt werden. Bei einem Alleinstehenden sind das rund 900 Euro.
Ein entsprechender Beschluss des Vollstreckungsgerichts ist relativ leicht zu erwirken. Und selbst wenn es zu versuchten Lohnpfändungen kommt, führt das nicht automatisch zur fristlosen Kündigung, wie die meisten fälschlich glauben. Gefährlich wird diese Maßnahme

nur für solche, die beruflich mit Geld umgehen, wie beispielsweise Buchhalter, aber auch für Beamte.

Frage: *Wie gehen Sie mit Fehlschlägen um?*

Antwort: Die können nur entstehen, wenn der Klient die Abmachungen zwischen uns nicht einhält und einfach nicht zahlt. Denn das muss er selbst tun. Ich erfahre das natürlich recht schnell von den Gläubigern und dann versuche ich einige Male, telefonisch oder schriftlich den Kontakt zu meinem Klienten herzustellen. Wenn das fehlschlägt und ich nichts mehr höre, ist meine Beratung beendet. Wer nicht ernsthaft will, dem kann ich nicht helfen. Aber das betrifft höchstens drei Prozent aller Fälle, und damit kann ich leben.

Frage: *In vielen Großstädten kann die Wartezeit für einen Termin bei der Schuldnerberatung ein bis zwei Jahre betragen. Wie sieht das bei Ihnen aus?*

Antwort: Ich vergebe Termine von Monat zu Monat, solch eine lange und sicherlich auch demotivierende Warteliste gibt es bei mir nicht. Ich kann allen Ratsuchenden nur empfehlen, sich bereits bei kleinsten Anzeichen einer Überschuldung einen Termin geben zu lassen und nicht erst dann aktiv zu werden, wenn bereits heftige Zwangsvollstreckungen laufen.

Frage: *Was ist für Sie der Beweis einer geglückten Schuldnerberatung?*

Antwort: Ganz einfach: Wenn ich meine Klienten danach nie wieder sehe. Dann nämlich haben sie begriffen, was ich mit dem Ausdruck „break" meine: Der konsequente Schlussstrich unter eine Schuldenkarriere, der endgültige Ausstieg aus einer Leidensgeschichte. Und nach 18 Jahren Berufserfahrung weiß ich, dass das machbar ist.

Fünfte Lektion

Wenn die Schulden böse werden: Hier kommt die wirksame Notfallmedizin

Auch diese Lektion verfolgt nur ein Ziel: Besser leben mit der Schuldenfalle. Hier aber geht es nicht um die psychologische Erklärung von Geld und Schulden, sondern um den richtigen Umgang mit den bösen Anzeichen einer schweren Finanzkrise. Vielen Schuldnern wird es den Magen umdrehen, wenn sie nur die Überschriften lesen, aber jetzt hilft kein Wegschauen oder Verdrängen mehr. Die Stunde der schmerzhaften Beschäftigung mit wirklich gefährlichen Symptomen hat geschlagen.
Gefragt ist wirksame Notfallmedizin, damit Sie vor lauter Entsetzen nicht in Resignation verfallen. Und solche Medizin gibt es, wie wir sehen werden. Es reicht aber nicht, erleichtert die Fläschchen zu betrachten, sondern Sie müssen die bitteren Tropfen auch schlucken.

Was also ist passiert und was ist zu tun?

1. Ein Inkassobüro droht mir gewaltig

Das Erzeugen von massivem Druck ist die wesentliche Aufgabe von Inkassobüros. Mit allen psychologischen Tricks versuchen sie, eingeschüchterte Schuldner zu sofortigen Zahlungen zu bringen. Parallel dazu drängen sie auf den Abschluss von langfristigen Verträgen zur Schuldenreduzierung, die fast immer überhöhte Zinsforderungen und gespenstisch teure Gebühren zum Inhalt haben. Was also steckt hinter diesen furchterregenden Schuldeneintreibern und welche Befugnisse haben sie wirklich? Die schlichte Antwort: Rein rechtlich gesehen sind Inkassobüros lediglich der verlängerte Arm des Gläubigers. Für Sie als Schuldner macht es daher keinen Unterschied, ob Sie die böse Post von einem dieser Eintreiberbüros erhalten oder beispielsweise direkt vom Versandhaus, bei dem Sie Schulden haben. Warum Versandhäuser, Banken oder andere Großgläubiger sich der Dienste der Inkassobüros bedienen, liegt auf der Hand: Sie wollen ihren Geschäftsbetrieb vom personalintensiven Mahnwesen entlasten.

Damit haben Ihre Schulden aber noch lange keine neue rechtliche Qualität erhalten. In vielen Fällen überschneiden sich nämlich geleistete Zahlungen der Schuldner mit der Beauftragung eines Inkassobüros. In diesem Fall können Sie die Drohbriefe gleich in den Papierkorb werfen. Denn weder sind die fraglichen Forderungen gerichtlich überprüft noch die Eintreibung gerichtlich veranlasst. Diesen Eindruck aber wollen die Inkassobüros listigerweise erzielen – und zwar mit der Formulierung „Gerichtlich zugelassen" in ihren Briefköpfen. Tatsächlich aber ist lediglich deren Geschäftsbetrieb gerichtlich zugelassen – und sonst nichts! Dieser simple Trick hat dennoch Methode, wie wir gleich sehen werden, und er ist durchaus erfolgreich. Viele Schuldner zucken bereits bei dem Wort „Gericht" zurück und zahlen.

Was nun die weiteren Druckmittel angeht, die von den Inkassobüros ins Spiel gebracht werden, so kann einem wirklich angst und bange werden. Da ist vom Gerichtsvollzieher die Rede, von Pfändungen des

Arbeitseinkommens und des Bankkontos, von Offenbarungseid und von Haft. Daher ist es nur allzu verständlich, wenn völlig geschockte Schuldner in Panik geraten – und genau das ist beabsichtigt. Dieser Effekt wird gern noch durch gezielte, obwohl unzulässige Telefonate oder Hausbesuche von Inkassomitarbeitern verschärft. Keine Angst: Das Ganze ist nur ein großer Bluff! Es wird nämlich so getan, als ob das Inkassobüro all diese bösen Maßnahmen selbstständig und sofort veranlassen könnte. Das aber ist Unsinn! Solche Schritte beruhen ausschließlich auf gesetzlichen Vorschriften und richterlichen Entscheidungen, deren Vollzug absolut nicht im Ermessen von privaten Schuldeneintreibern liegt.
Die Verwendung des Begriffes „Haft" ist besonders bösartig: Es wird der Eindruck erweckt, als ob man automatisch wegen Schulden ins Gefängnis kommen könnte. Das stimmt hinten und vorn nicht, was auch die Verfasser solcher hinterhältigen Formulierungen genau wissen. Denn der theoretische Spezialfall „Erzwingungshaft" käme lediglich zur Anwendung, wenn ein Schuldner sich nachhaltig weigerte, eine eidesstattliche Versicherung über sein Vermögen (früher: Offenbarungseid) abzugeben. Das kommt aber in der Praxis nicht vor. Darum nochmals in aller Eindringlichkeit: Kein Inkassobüro kann Sie wegen Schulden in Haft schicken! Und auch nicht, quasi im Vorbeigehen, Ihnen den Gerichtsvollzieher auf den Hals hetzen oder Ihnen das Konto pfänden lassen!

Was also müssen Sie als Schuldner wirklich fürchten, wenn Sie Post vom Inkassobüro bekommen? Befürchten müssen Sie aktuell überhaupt nichts, auch wenn die ursprüngliche Forderung zu Recht besteht. Das können Sie leicht anhand Ihrer Unterlagen feststellen. Schwieriger wird dagegen die Überprüfung der geforderten Gebühren und Zinssätze, die Sie vermutlich erschrecken werden. Aber lassen Sie sich nicht ins Bockshorn jagen, unterschreiben Sie auf keinen Fall irgendwelche Erklärungen und leisten Sie noch keine Teilzahlungen! Ihre beste Entscheidung: Sie wenden sich an das nächstgelegene Büro der Verbraucherzentrale und bitten um rechtliche Würdigung des Vorgangs. Selbst wenn damit kleinere Kosten verbunden sind, können Sie nun deutlich selbstbewusster und aufgeklärter auf die böse Post reagieren. Denn fast immer liegen Berechnungsfehler vor oder Zinsen und Gebühren wurden zu hoch angesetzt. Mit diesen Pfunden können Sie wuchern, bevor Sie auf die eigentlichen Schulden zu sprechen kommen. Aber beginnen Sie dann auch wirklich mit den Verhandlungen! Ihr erstes Ziel sollte eine Stundung der Schulden für sechs Monate sein, allerdings nur bei Festschreibung dieser Summe ohne weitere Zinsen und Gebühren. Überlegen Sie genau, welche monatliche Teilzahlung Sie anbieten können, und vereinbaren Sie dann einen genauen Rückzahlungsplan, vor allem mit einem exakt festgelegten zeitlichen Ende. Damit können Sie leben – auch das Inkassobüro.

2. Auf meinem Tisch liegt ein Mahnbescheid

Die gelben Umschläge im DIN-A-5-Format haben es in sich – und das im wahrsten Sinne des Wortes. Denn ein Mahnbescheid birgt vor allem eine gemeine Tücke in sich: Eine Zwei-Wochen-Frist, innerhalb der Sie Widerspruch einlegen können. Und diese Frist beginnt mit jenem Datum, die auf dem Umschlag vom Briefzusteller festgehalten ist. Es ist also absolut zwingend, diese bösen gelben Umschläge sofort zu öffnen und zu lesen! Nur ein Widerspruch, der innerhalb von 14 Tagen bei Gericht eingegangen (!) ist, wird berücksichtigt. Eine Entschuldigung für Fristversäumnis wird nur in wenigen Ausnahmefällen, wie beispielsweise schwere Krankheit, akzeptiert. Der Vorgang nennt sich im Juristendeutsch „Wiedereinsetzung in den früheren Stand", womit die erste Zustellung ihre Rechtskraft verliert. Das klingt nun alles sehr dramatisch, aber diese Alarmmeldung soll Sie wachrütteln! Erst dann können wir in Ruhe den Mahnbescheid prüfen.

Ganz wichtig: Es ist nicht das Gericht, das Sie mahnt, sondern Ihr Gläubiger! Das Gericht hat sich in keiner Weise mit dem Inhalt oder der Richtigkeit der Forderung beschäftigt, wie viele befürchten. Es leitet nur in der gesetzlich vorgeschriebenen Form eine Forderungsaufstellung Ihres Gläubigers an Sie weiter, aus der auch die

Kosten und die Zinsen klar ersichtlich sein müssen. Allerdings wird ein erheblicher Zeitdruck auf Sie ausgeübt: Wenn Sie nicht innerhalb der Frist Widerspruch einlegen, gilt die Forderung als berechtigt und der Gläubiger hat somit einen sogenannten „Titel" erwirkt – ohne jede Überprüfung durch eine Gerichtsverhandlung. Es hilft Ihnen überhaupt nichts, zu diesem Zeitpunkt mit dem Gläubiger über Ratenzahlungen zu verhandeln oder über die Rechtmäßigkeit der Forderungen und Kosten zu streiten. Sie müssen zunächst Widerspruch gegen den Mahnbescheid einlegen und zwar gegen die Forderung insgesamt! Nur damit schützen Sie sich, zumindest vorläufig, vor allen möglichen Vollstreckungsmaßnahmen und gewinnen wertvolle Zeit, um in Verhandlungen einzutreten. Denn die Festsetzung eines Gerichtstermins dauert viele Monate. Das weiß auch Ihr Gläubiger, der vor allem das Kostenrisiko eines Gerichtsverfahrens zunächst aus eigenen Mitteln trägt, weil er seinen Rechtsanwalt für die Klageschrift entlohnen und einen Kostenvorschuss bei Gericht einzahlen muss.

Warten Sie nach rechtzeitiger Einlegung des Widerspruchs auf die schriftliche Bestätigung dafür seitens des Gerichts und beginnen Sie erst dann, sich schriftlich mit dem Gläubiger auseinanderzusetzen. Telefonate oder mündliche Vereinbarungen sind jetzt nicht mehr ratsam. Ihre genaue Prüfung des Mahnbescheids ergibt in vielen Fällen, dass die ursprüngliche Forderung überhöht ist – nicht unbedingt willentlich, sondern aufgrund von schlichten Rechenfehlern.
Aber auch geltend gemachte Kosten oder Zinsforderungen sind oft zu hoch oder nicht rechtmäßig. So dürfen beispielsweise nur die relativ geringen „Verzugszinsen" in Ansatz gebracht werden, nicht aber die hohen Kreditzinsen. Gehen Sie also mit Ihren Unterlagen zum Rechtspfleger Ihres zuständigen Amtsgerichts, das Ihnen mit der Widerspruchsbestätigung benannt wird. Dort wird man Ihnen helfen, denn darauf haben Sie als „rechtsunkundiger Bürger" einen Anspruch. Kommt für Sie Prozesskostenhilfe in Betracht, können Sie für 10 Euro auch den Rat eines Rechtsanwalts in Anspruch nehmen, entsprechende Listen können Sie bei Gericht einsehen.
Ihre Chancen stehen also ganz gut, mit dem Gläubiger zu einer außergerichtlichen Einigung über die Schuldenbegleichung zu kom-

men. Wenn Sie deutlich machen können, dass aufgrund Ihrer höchst angespannten Finanzlage ohnehin nur kleine Monatsraten unter 50 Euro möglich sind, hilft dem Gläubiger ein gewonnener Prozess wenig. Dies gilt um so mehr, wenn die ursprüngliche Forderung kleiner ist als die gesamten Verfahrenskosten, die er in jedem Fall zunächst vorstrecken muss – ohne die Gewissheit, das Geld jemals von Ihnen zu erhalten. Denn möglicherweise kommen Sie an einem privaten Konkursverfahren oder einer eidesstattlichen Versicherung nicht vorbei. Mit diesem Hinweis lässt sich unter Umständen erreichen, dass der Gläubiger auf einen Teil seiner Forderungen verzichtet.

Aber eine solche Einigung kommt nicht aus der Luft. Sie müssen aktiv werden und Ihrem Gläubiger auch konkrete und nachvollziehbare Gründe für Ihre Zahlungsschwierigkeiten benennen. Das freiwillige Vorlegen einer persönlichen Bilanz über Einnahmen und Ausgaben hilft erfahrungsgemäß enorm. Wenn beispielsweise ersichtlich wird, dass Sie aufgrund einer sozialen Notlage schon bald unter die Pfändungsgrenze rutschen könnten, sind Gläubiger häufiger zu einem Zugeständnis bereit. Wie sagt der Volksmund so richtig: Niemand wirft seinem schlechten Geld auch noch gutes Geld hinterher. So gesehen, hat der Mahnbescheid auch etwas Gutes: Er zwingt beide Seiten zum Überdenken der jeweiligen Position und ermöglicht aufgrund des Zeitdrucks Kompromisse, die vorher nicht möglich erschienen.

3. Auf meinem Tisch liegt ein Vollstreckungsbescheid

Jetzt wird es ernst. Denn dieser Vollstreckungsbescheid wurde nur deswegen möglich, weil Sie keinen Widerspruch gegen den Mahnbescheid eingelegt haben. Er ist gewissermaßen die zweite Stufe im gerichtlichen Mahnwesen, ohne dass bisher eine inhaltliche Überprüfung durch eine ordentliche Gerichtsverhandlung stattgefunden hat. Das heißt: Noch ist die gegen Sie erhobene Forderung nicht rechtskräftig! Und daher räumt Ihnen der Gesetzgeber eine letzte

Frist von 14 Tagen ein, gegen den Vollstreckungsbescheid Einspruch zu erheben. Dieser ist aber nur dann gültig, wenn er bei Gericht eingelegt ist. Irgendwelche Schreiben an den Gläubiger oder gar eine Teilzahlung helfen überhaupt nicht, auch wenn es von Ihrer Seite gut gemeint ist. Wenn Sie allerdings auch diese Frist versäumen, wird der Vollstreckungsbescheid scharf. Er wird dann automatisch zu einem sogenannten „rechtskräftigen Titel", aus dem 30 Jahre lang gegen Sie gepfändet werden kann. Und der Gläubiger kann sich aussuchen, wie er gegen Sie vorgeht: Sachpfändung durch den Gerichtsvollzieher, Lohnpfändung oder Pfändung des Girokontos. Bedenken Sie die ganze Tragweite Ihrer Entscheidung, wenn Sie vorhaben sollten, erneut den Kopf in den Sand zu stecken: Kein Gericht dieser Welt kann Ihnen dann noch helfen, auch wenn die Forderung unrichtig oder überhöht ist. Das kann eine große Ungerechtigkeit für Sie bedeuten, die Sie lauthals beklagen werden. Aber es wird Ihnen nichts helfen, denn Sie allein sind der Herr über Ihre Termine.

Das klingt hart, und das ist auch so gemeint! Zum intelligenten Schuldenmanagement gehört zwingend das Beachten von Terminen und Fristen. Vergessen Sie nicht: Sie befinden sich auf dünnem Eis und können sich keine Fehler erlauben. Wenn Sie fristgemäß den Einspruch gegen den Vollstreckungsbescheid bei Gericht eingelegt haben, geht Ihnen verhältnismäßig schnell eine Bestätigung darüber zu sowie die Benennung des zuständigen Amtsgerichts in Ihrem Wohnort oder Gerichtsbezirk. Und dort wird dann nach einigen Monaten das ordentliche Gerichtsverfahren stattfinden – es sei denn, Ihnen gelingt ein Kompromiss mit dem Gläubiger vor der Eröffnung des Prozesses. Dafür brauchen Sie aber jetzt professionelle Hilfe, die Sie bei einem Rechtsanwalt oder amtlich zugelassenen Schuldnerberater finden.
Im Anhang finden Sie die Telefonnummern Ihrer nächstgelegenen Schuldnerberatungen, die sowohl von Caritas und Diakonie als auch von Landkreisen oder Gemeinden betrieben werden. Diese Hilfe ist kostenlos. Auf jeden Fall sollten Sie auch den Rechtspfleger Ihres zuständigen Amtsgerichts aufsuchen, was ohne Terminvereinbarung möglich ist. Dort erfahren Sie, ob bei Ihrem Einkommen Prozess-

kostenhilfe möglich ist, damit Sie sich unentgeltlich von einem Rechtsanwalt beraten und vertreten lassen können. Gemeinsam mit Ihrem Schuldnerberater oder Rechtsanwalt können Sie nun Ihre Situation kritisch und vor allem professionell erörtern – auch wenn Ihnen bis zum Prozess nicht mehr viel Zeit bleibt. Oberstes Ziel wird immer die Einigung mit dem Gläubiger sein, sofern die ursprüngliche Forderung auch in Ihren Augen zu Recht besteht.

Eine genaue und vorbehaltlose Überprüfung Ihres Vermögens, Ihrer laufenden Einnahmen und Ihrer zwingenden Ausgaben (vor allem Miete und Energiekosten) für einen Zeitraum von zwölf Monaten ergibt dann den Finanzstatus, mit dem Ihr Berater oder Anwalt arbeiten kann. Wie hoch darf die monatliche Teilzahlung sein, ohne dass Sie vollends erledigt sind? Wie lange können Sie diese Raten bezahlen? Gibt es einen Vermögensrest (Auto, Sparbuch, Lebensversicherung, familieninterner Kredit, Erbansprüche), der schnell zu Geld gemacht werden und dem Gläubiger als Einmalzahlung vorgeschlagen werden kann? Das immerhin ist ein Angebot, auf das sich beide Seiten einlassen könnten: Sie versilbern die letzten Reserven, dafür verzichtet der Gläubiger auf einen Teil seiner Forderung. Oder Sie verpflichten sich zur Zahlung erträglicher Monatsraten in einem festgelegten Zeitrahmen, um wenigstens einen Teil Ihrer Schulden zu begleichen. Das setzt natürlich in beiden Fällen voraus, dass der Gläubiger seine Klage und Sie Ihren Widerspruch vor Gericht zurückziehen.

Trotz guter Verhandlungsführung kann es Ihnen natürlich passieren, dass Ihr Gläubiger Ihnen nicht glaubt und weitere, versteckte Vermögenswerte oder ungenannte weitere Einnahmequellen bei Ihnen vermutet. Diesem Eindruck müssen Sie energisch entgegentreten, indem Sie Ihre Zahlungsbereitschaft betonen und auch tatsächlich Zahlungen auf kleinem Niveau leisten. Es wird dann zu einer Risikoabwägung beim Gläubiger kommen, die in aller Regel zu Ihren Gunsten ausgeht. Denn wenn er den Prozess gegen Sie führt und vermutlich zumindest in Teilen gewinnen wird, kann er zwar aus dem Urteil vollstrecken, aber er greift unter Umständen ins Leere, weil bei Ihnen wirklich nichts zu holen ist und er auch noch die Prozesskosten am Hals hat. Er könnte dann noch über den

Gerichtsvollzieher von Ihnen die eidesstattliche Versicherung (früher: Offenbarungseid) verlangen, aber wenn deren Ergebnis auch nichts bringt und Ihr Einkommen unter der Pfändungsgrenze liegen sollte, hat er außer zusätzlichen Kosten überhaupt nichts erreicht – vor allem keinen Geldeingang.

Daher ist es so wichtig, in dieser akuten Finanzkrise ein intelligentes Schuldenmanagement mit Hilfe von Schuldnerberater oder Rechtsanwalt zu betreiben. Und dazu gehort vor allem vollständige Aufrichtigkeit. Ihre ***„Nothelfer"*** werden auch nur auf dieser Grundlage verhandeln, um ihre eigenen guten Namen zu schützen. Versetzen Sie sich in die Lage Ihres Gläubigers: Der ist umso kompromissbereiter, je angespannter Ihre Situation ist, von der er allerdings überzeugt werden will. Diese Situation überzeugend darzustellen, bedeutet eine Gratwanderung, die Sie als Schuldner allein nicht leisten können – auch wenn Sie es dummerweise glauben sollten. Zu groß ist nämlich die Gefahr, dass Sie mit überheblichen oder gar erpresserischen Formulierungen den letzten Rest an Goodwill beim Gläubiger aufs Spiel setzen, von ihren schwachen juristischen Kenntnissen ganz abgesehen. Ihr Verhandlungsspielraum ist sehr klein geworden, aber immerhin können Sie – wenn auch mit fremder Hilfe – noch agieren.

4. Meine Bank hat mir den Kredit gekündigt

In dieser Situation müssen Sie alle Berührungsängste und Minderwertigkeitskomplexe vergessen und sofort zur Bank eilen, um mit dem Filialleiter ein persönliches Gespräch zu führen. Auch wenn dieser Schritt reichlich spät erfolgt, denn mit einiger Sicherheit haben Sie wissentlich (!) zwei Monatsraten nicht bezahlt, haben Sie noch eine reelle Chance, das zerbrochene Porzellan wieder zu kitten. Es geht also darum, Ihre angeschlagene Glaubwürdigkeit wieder herzustellen. Aber schauen wir zunächst, was tatsächlich passiert ist und was noch passieren könnte. Eine Kreditkündigung bedeutet, dass die Bank die gesamte Schuldsumme zur sofortigen Beglei-

chung fällig stellt, wobei allerdings die nicht verbrauchten Zinsen herausgerechnet werden – ein schwacher Trost. Denn wer schon mit zwei Monatsraten nicht mehr fertig wurde, wird die Gesamtsumme erst recht nicht bezahlen können. Dieser Logik können sich auch die Banken nicht verschließen, die aber dennoch fast immer bei diesem Zahlungsrückstand kündigen. Für Kunden, die bisher problemfrei mit ihrer Bank gefahren sind, bedeutet dies eine schwere Niederlage. Ihre sorgsam errichtete Konstruktion aus Einnahmen und Kreditverpflichtungen ist über Nacht zusammengebrochen, woran sie der Bank die Schuld geben. Nicht selten kommt es dann zu wütenden Protesten bei der Bank, da sie einen Vertrauensmissbrauch begangen habe und man sich daher um eine andere Bankverbindung kümmern werde. Menschlich verständlich, aber solche großen Worte lassen die Bank kalt und veranlassen sie höchstens zum Einsatz böser, aber zulässiger Druckmittel.
Als da wären: Die Bank kassiert das Guthaben auf dem Girokonto, was den Schuldner nahezu handlungsunfähig werden lässt, und macht von einer meist bestehenden Gehaltsabtretung schamlos Gebrauch.

Kein Schuldner sollte es daher auf ein Kräftemessen mit seiner Bank ankommen lassen – er kann nur verlieren. Ein Blick in die allgemeinen Geschäftsbedingungen, die in jeder Bank eingesehen werden können, lässt jedes Aufbegehren verstummen. Und da diese Spielregeln überall gelten, ist es schon deshalb sinnlos, wegen einer Kündigung die Bank zu wechseln.
Auch die schnelle Einrichtung eines Zweitkontos, um von dort die notwendigen Überweisungen tätigen zu können, bleibt eine stumpfe Waffe. Denn Sie müssten ja Ihr Gehalt ab sofort auf die neue Bankverbindung überweisen lassen, was nicht unbemerkt bleiben kann. Das erzeugt lediglich zusätzliches Misstrauen bei Ihrer Hausbank und stellt keine Lösung dar. Im Sinne eines intelligenten Schuldenmanagements müssen Sie jetzt vielmehr mit allen Mitteln versuchen, die Kreditkündigung rückgängig zu machen. Die Chancen dafür stehen nicht schlecht, wie wir sehen werden. Denn die Bank hat ein schlechtes Gewissen, auch wenn sie das nicht zugeben wird.

Sie weiß genau, dass Sie unmöglich die komplette Kreditsumme auf einen Schlag zurückzahlen können, wenn Sie schon über zwei kleine Monatsraten stolpern. Diesen Widerspruch höflich, aber deutlich zu benennen, ist der erste Schritt in Ihren Verhandlungen. Daran muss sich allerdings sofort ein Lösungsvorschlag anschließen, um die Bank von Ihrer Ernsthaftigkeit zu überzeugen. Wenn Sie an diesem Punkt angelangt sind, haben Sie schon halb gewonnen: Wer redet, schießt nicht aufeinander.

Im wesentlichen sind es drei verschiedene Pakete, die Sie jetzt auf den Tisch legen können: Eine größere Einmalzahlung oder weitere Sicherheiten in Form einer Lebensversicherung/Bürgschaft oder kleinere Monatsraten durch Verlängerung der Kreditlaufzeit. Ihr engagiertes Vorgehen beweist der Bank, dass Sie um Ihre Glaubwürdigkeit kämpfen und künftig die Zahlungstermine einhalten werden. Im gleichen Atemzug müssen Sie dann offen und ehrlich die Gründe darlegen, die zur Nichtzahlung geführt hatten. Ihre Aufrichtigkeit schafft neues Vertrauen.

Wenn Sie eine größere Einmalzahlung in Aussicht stellen können, werden die Augen Ihres Bankers leuchten und die Kreditkrise ist so gut wie überwunden. Der sicherlich schmerzhafte Abschied vom gehüteten „Notgroschen" in Form eines Sparbuches oder das noch unangenehmere Anbetteln eines Freundes oder Familienmitglieds zur Gewährung eines Privatkredits stärkt Ihre Verhandlungsposition enorm: Sie können der Bank einen namhaften Barbetrag anbieten. Auch wenn damit vielleicht nur 20 Prozent der Kreditsumme vorzeitig getilgt werden, dürfen Sie für Ihr aktuelles „Wohlverhalten" die Rücknahme der Kreditkündigung erwarten. Ähnliches gilt, wenn Sie Ihrer Bank den Rückkaufswert einer Lebensversicherung abtreten, natürlich nur für den Fall Ihrer Zahlungsunfähigkeit. Das heißt: Ihre Versicherung bleibt ganz normal bestehen und wird nach Kredittilgung wieder frei. Voraussetzung ist allerdings, dass die Versicherung schon einige Zeit besteht und einen nennenswerten Rückkaufswert aufweist.

Ähnlich funktioniert eine Bürgschaft, auf die Ihre Bank nur zurückgreifen darf, wenn der Kredit notleidend wird. Sie fordern allerdings

viel von einer Vertrauensperson, wenn Sie um Übernahme einer Bürgschaft bitten. Da der Bürge erbarmungslos zur Kasse gebeten wird, wenn Sie Ihren Zahlungsverpflichtungen nicht nachkommen, muss ein intaktes Vertrauensverhältnis vorliegen. Die Bank wertet eine Versicherungsabtretung oder Bürgschaft sehr hoch, womit Ihre Kreditwürdigkeit auf einen Schlag wiederhergestellt ist.
Wenn Sie nun aber weder Bargeld noch Sicherheiten anbieten können, ist die Schlacht noch nicht verloren. Banken lassen sich auch auf geringere Monatsraten ein, wenn sie ein zuverlässiges Schuldnerverhalten erkennen können. Das verlängert die Kreditlaufzeit und die Banken verdienen mehr an Ihren Schulden. Die Höhe der künftigen monatlichen Kreditraten sollten Sie einvernehmlich mit der Bank festlegen – und zwar auf der Grundlage einer umfassenden und wahrheitsgetreuen Einnahmen-Ausgaben-Rechnung. Wer zuverlässig 100 Euro im Monat zurückzahlen will und das auch tut, gilt in den Augen der Bank als weitaus zuverlässigerer Schuldner als jener, der 200 Euro verspricht, die er eigentlich nicht aufbringen kann.
Es macht keinen Sinn, sich bei der Bank „lieb Kind zu machen", um eine aktuelle Krise zu überwinden. Denn allzu oft werden Sie das Vertrauen Ihrer Hausbank nicht strapazieren können.

Gleichgültig, mit welchem Angebot Sie Ihre Bank nun überzeugen konnten, die Kreditkündigung zurückzunehmen und neues Vertrauen zuzulassen, waren es bittere Tropfen, die Sie schlucken mussten. Aber Sie haben sich einen unschätzbaren Vorteil erkämpft: Sie haben sich, vermutlich unter größten Schwierigkeiten, zum schnellen Handeln und Verhandeln durchgerungen. Diese Fähigkeit ist und bleibt die zentrale Voraussetzung für intelligentes Schuldenmanagement, um Ihr finanzielles Überleben zu gewährleisten.

5. Mein Kreditkartenkredit ist gesperrt

Wenn es nicht so mitleidlos klingen würde: Seien Sie froh! Denn diese relativ neue Form der versteckten Kreditaufnahme macht sehr schnell süchtig und bringt Sie mit einiger Sicherheit in eine teuflische

Schuldenfalle. Das Prinzip ist ganz einfach: Bei der „normalen" Kreditkarte wird Ihnen monatlich vom Bankkonto abgebucht, was Sie ausgegeben haben. Dieser Zeitraum zwischen Konsum und Bezahlung ist übersehbar, der mögliche Schmerz erträglich und vor allem heilsam. Bei der Nutzung eines Kreditkartenkredits sieht anfangs alles so verlockend aus: Sie können innerhalb eines großzügigen Finanzrahmens von einigen Tausend Euro unbesorgt mit der Karte zahlen und bestimmen die Höhe der Rückzahlungen selbst. Der Wunderkredit ist geboren! Jeder Wunsch ist sofort erfüllbar, natürlich wird die Monatsrate zur Rückzahlung auf höchstens 50 Euro festgesetzt, und das Kleingedruckte in diesen Verträgen vorsichtshalber erst gar nicht gelesen.
Was macht es schon, wenn man bei der Bank nichts mehr bekommt, weil ein Kredit abgezahlt werden muss und der Dispo ohnehin ausgeschöpft ist? Wen kümmert es, dass auch Versandhäuser nichts mehr auf Pump liefern, weil der maximale Kreditrahmen erreicht ist? Alles unwichtig, die kleine Plastikkarte wird's schon richten.

Und das tut sie auch, leider. Die Folge: Innerhalb kurzer Zeit haben Sie als begeisterter Nutzer den Überblick zwischen Ausgaben, Tilgungen, Zinsen und sonstigen Kosten völlig verloren, was ja auch Zweck der Übung ist. Vom ursprünglichen Zinslockangebot sind Sie bereits weit entfernt, inklusive versteckter Nebenkosten und variabler Zinsen bewegen Sie sich auf rund 20 Prozent Kreditkosten zu.

Sehr viel mehr dürfen die Betreiber dieser vermeintlich kundenfreundlichen „Gelddruckmaschinen" auch nicht in Ansatz bringen, um nicht mit dem Wucherzins-Paragrafen in Berührung zu kommen. Das ganze Ausmaß der Katastrophe wird Ihnen vermutlich erst dann bewusst, wenn es zur Sperrung der Karte kommt, weil Sie entweder das Limit überschritten haben oder mit Rückzahlungen in Verzug sind. Im Nachhinein reut Sie jetzt jede 100-Euro-Investition, weil Sie dafür 120 Euro und mehr zurückzahlen müssen.

Die Anbieter solcher Kredite haben auch noch ganz andere „Freundlichkeiten" zur Hand: Auf eine Kündigung des Schuldbetrags wird

verzichtet, sofern monatlich eine „zumutbare" Tilgung geleistet wird, meistens 50 Euro. Der Schuldner hört es gern und willigt ein – er ist gerettet! Tatsächlich hängt er am Haken seines Gläubigers, und das auf unabsehbar lange Zeit. Denn bei einer durchschnittlichen Kreditschuld von tatsächlich ausgegebenen 4.000 Euro beläuft sich die gesamte Schuldsumme inklusive aller Zinsen, Gebühren und Nebenkosten in Höhe von 20 Prozent auf 4.800 Euro.
Grausame Folge: Der ach so freundliche und zumutbare Tilgungsbetrag von 12 x 50 Euro deckt noch nicht einmal die jährlichen Kreditkosten! Kein einziger Euro der ursprünglichen Kreditsumme ist getilgt, sondern hat sich um 200 Euro zu Beginn des nächsten Kreditjahres erhöht. Hier gibt es nichts mehr zu verhandeln. Der Weg vom Traum zum Albtraum war kurz. Und dieser Albtraum muss ganz schnell beendet werden.

Betrachten Sie daher die Sperrung Ihrer „Wunderkredit-Karte" als Glück im Unglück und vernichten Sie die Karte! Brechen Sie sofort die Beziehung zu diesem Unternehmen ab, bevor Sie zur lebenslänglichen Melkkuh werden! Denn hier wird nicht mehr seriös an einer Schuldenbegleichung gearbeitet, sondern an Schulden dauerhaft verdient. Diese Entscheidung bedeutet bittere Medizin für Sie, da ja die Schulden noch nicht vom Tisch sind. Aber hier gilt uneingeschränkt der Satz: Lieber ein Ende mit Schrecken als ein Schrecken ohne Ende!
Jetzt ist intelligentes Schuldenmanagement gefragt, also die schnellstmögliche und komplette Ablösung der täglich teurer werdenden Schulden. Und in diesem Fall werden Sie nicht umhinkönnen, Schulden mit Schulden zu bezahlen. Immerhin wollen Sie ja damit nicht neuen Konsum finanzieren, sondern eine Schussfahrt ins Unglück verhindern! Das genau ist Ihr Ansatzpunkt beim nun fälligen Gespräch mit Ihrer Hausbank, bei der Sie eine Erhöhung Ihres laufenden Ratenkredits beantragen müssen. Da Sie sich in einer denkbar schwachen Position befinden, wird es wohl auf eine Umschuldung hinauslaufen, die ansonsten absolut tabu bleiben muss. Das heißt: Der fällige Ablösebetrag wird auf die Restschuld Ihres Ratenkredits draufgeschlagen und ergibt einen neuen Kredit. Je

umfassender Sie Ihren Banker über die akute Notlage informieren, umso eher wird er Ihrem Kreditwunsch entgegenkommen. Wenn Sie gleichzeitig eine dramatische Ausgabenreduzierung im privaten Bereich darstellen können und somit die Bezahlbarkeit der neuen Monatsraten sicherstellen, werden Sie mit einiger Wahrscheinlichkeit zu einem sinnvollen neuen Kreditvertrag bei Ihrer Bank kommen. Eine entbehrungsreiche Zeit liegt vor Ihnen, aber ihr Ende ist absehbar.

6. Mir wurde eine Stromsperre angedroht

Wer eine solche Mitteilung in Händen hält, fühlt sich wahrscheinlich zum ersten Mal im Leben richtig arm: Nahezu unvorstellbar ist der Gedanke, ohne Beleuchtung, Fernseher, Musikanlage, Kühlschrank, Herd und Tiefkühltruhe leben zu müssen. Wenn dann noch Kinder im Haushalt leben, ist die Situation mehr als entsetzlich. Aber Energieunternehmen sind bekannt dafür, bei Zahlungsverzug mit der ganz großen Keule zu drohen, und zwar ohne jede Würdigung des Einzelfalls. In aller Regel trifft es die Ärmsten der Armen, die sich meist unverschuldet in einer schier ausweglosen Finanzsituation befinden. Aber auch hier gibt es Auswege, die allerdings mühsam sind und ein sofortiges Handeln erfordern. Der Grundgedanke dabei: Die Anonymität zwischen Ihnen und dem Energieversorger muss durchbrochen werden. Sie müssen aus dem Schatten Ihrer Abrechnungsnummer heraustreten und sich als Mensch in einer konkreten Notsituation darstellen.

Zwei Möglichkeiten bieten sich dafür an: Entweder schildern Sie schriftlich dem Energieunternehmen ihre momentane Lage und kündigen einen persönlichen Termin an oder Sie gehen gerichtlich gegen das Unternehmen vor. Der naheliegende Gedanke, sich an das Sozialamt zu wenden, ist zu diesem Zeitpunkt sinnlos, weil von dort Schulden grundsätzlich nicht übernommen werden. Was aber können und sollen Sie schreiben? Das Einfachste ist auch hier das Richtigste: die Wahrheit. Schildern Sie in nachvollziehbaren und aufrichtigen Worten die Gründe, die zu dem Zahlungsverzug geführt haben. Weisen Sie darauf hin, dass Sie bisher ein pünktlicher Zahler gewesen sind. Betonen Sie die Geringfügigkeit der Schuld im Verhältnis zu den angedrohten Folgen! Erläutern Sie die unverhältnismäßige Härte der Stromsperre! Schildern Sie die Situation von Kranken, Schwangeren oder Alten, sofern solche Personen in Ihrem Haushalt leben!

Wichtig ist natürlich auch, einen konkreten Zeitpunkt zu benennen, an dem Sie Ihre Schulden ganz oder teilweise tilgen wollen. Je früher Sie zahlen können, umso größer die Chance auf eine Stundung sowie auf Rücknahme der angedrohten Stromsperre. Erwähnen Sie auch unbedingt, dass Sie in den nächsten Tagen persönlich erscheinen werden, um eventuell offene Fragen zu klären. Damit ersparen Sie dem Energieunternehmen unnötige Schreibereien und haben die zusätzliche Chance, durch Ihren Auftritt letzte Zweifel zu beseitigen. Bedenken Sie: Ihr Gegenüber ist kein Monster, sondern ein Mensch, der überzeugt werden will und auch überzeugt werden kann. Ausnahmeregelungen für wirkliche Härtefälle existieren bei jedem Stromversorger, allerdings werden sie nicht an die große Glocke gehängt. Sollten Sie allerdings trotz Ihres Bemühens auf Granit beißen, bleibt Ihnen noch eine letzte Möglichkeit, Ihre Situation quasi öffentlich zu machen: Sie verklagen das Energieunternehmen bei Gericht. Und das Zauberwort heißt: Einstweilige Anordnung.

Dabei handelt es sich um eine besondere Form von Gerichtsentscheidung, die in einen akuten Notfall eingreift. Normalerweise dauern Zivilprozesse recht lange, weil in zeitintensiven Beweisaufnahmen der strittige Sachverhalt geklärt werden muss, und die Gerichte ohnehin überlastet sind. Anders die einstweilige Anordnung, die innerhalb von wenigen Tagen ergeht, wenn „Gefahr im Verzug" ist, wie es so schön heißt. Anders ausgedrückt: Es müsste wirklich ein erheblicher Schaden entstehen, wenn diese Anordnung nicht getroffen würde. Das Gericht verzichtet weitgehend auf strittige Erörterungen und urteilt auf der Grundlage von Informationen des Klägers – von einer kurzen Stellungnahme der beklagten Partei abgesehen. Für Sie

heißt das: Um Zeit zu sparen und Fehler zu vermeiden, gehen Sie direkt zum Rechtspfleger Ihres Amtsgerichts. Sie brauchen keinen Anwalt. Der Rechtspfleger arbeitet kostenfrei und es werden auch keine Gerichtskosten verlangt. Gemeinsam gehen Sie die Gründe für Ihren Antrag durch. Und die müssen massiv sein! Dass Sie nicht fernsehen können, gehört sicherlich nicht dazu! Konkret müssen Sie die beklagte Partei auffordern, etwas zu tun oder zu unterlassen.
In Ihrem Fall fordern Sie das Energieunternehmen dazu auf, die angekündigte Stromsperre zu unterlassen. Und dann müssen Sie glaubhaft begründen, welcher Schaden bei Stromsperre eintreten wird: Zum Beispiel schwere Krankheit bei Kleinstkindern, weil Sie keine warmen Speisen zubereiten können. Oder Verletzungsgefahr bei gehbehinderten oder älteren Mitgliedern Ihres Haushalts, weil sie ohne Licht nichts sehen können.

Der Rechtspfleger wird keine inhaltliche Überprüfung vornehmen, sondern Ihnen nur bestmöglich bei der formaljuristisch richtigen Abfassung Ihrer einstweiligen Anordnung helfen. Weiterer Vorteil: Sobald Sie unterschrieben haben, kümmert er sich um die sofortige Erfassung des Antrags in der Geschäftsstelle, und der Richter hat Stunden später Ihren Antrag auf dem Schreibtisch. Per Fax holt er dann eine Stellungnahme des Energieunternehmens ein und trifft unverzüglich seine Entscheidung.
Entspricht diese Ihrem Antrag, darf das Energieunternehmen den Strom nicht sperren. Somit haben Sie innerhalb von maximal zwei Tagen einen Sieg errungen, der normalerweise viele Monate in Anspruch genommen und Ihnen dann auch nicht mehr geholfen hätte. Und selbst, wenn Ihr Antrag abgeschmettert wird, haben Sie ein wichtiges Teilziel erreicht: Der Geschäftsführer Ihres Stromversorgers musste sich um Ihren Fall kümmern, nicht irgendein Sachbearbeiter. Und häufig genug lenken Energieunternehmen als beklagte Partei schnell ein, wenn sie eine unangenehme Gerichtsentscheidung zu fürchten haben. Wenn er also die Stromsperre freiwillig unterlässt, wozu ihm unter Umständen sogar der Richter raten wird, braucht keine Anordnung erlassen werden. Dieser Erfolg bedeutet allerdings keinen Freibrief für kostenlosen Strombezug, sondern verhindert nur

eine unzumutbare Härte. Unterbreiten Sie also umgehend Ihrem Energieunternehmen einen Vorschlag auf ratenweise Begleichung Ihrer Schulden. Die Aussichten sind günstig, dass Sie noch einmal mit einem blauen Auge davongekommen sind.

7. Mietschulden: Mir wurde die Wohnung gekündigt

Die Kündigung einer Wohnung versetzt die meisten Betroffenen verständlicherweise in Panik oder eine Art Schreckstarre. Der Gedanke an eine Zwangsräumung macht sie völlig handlungsunfähig und sie lassen die Dinge treiben. Aber schon vorher haben Sie als Betroffener den Kopf in den Sand gesteckt, als Sie nämlich zwei Monate lang keine Mieten gezahlt haben. Vorausgegangen sind fast immer schwerste Schicksalsschläge wie Verlust des Arbeitsplatzes, Ehescheidung oder Tod des Partners. Diese menschlichen Katastrophen erklären zwar Ihre Situation, ändern sie aber nicht. Dabei ist genau jetzt eine dramatische und schnelle Veränderung Ihrer Lage notwendig, um das Schlimmste zu verhindern.
Gefragt ist intelligentes Schuldenmanagement , und zwar auf mehreren Ebenen gleichzeitig. Sie müssen mit dem Vermieter Kontakt aufnehmen, mit dem Sozialamt verhandeln und einen Schuldnerberater aufsuchen. Oberstes Ziel: Die Räumungsklage muss verhindert werden, wenigstens aber die Zwangsräumung. Dabei geht es immer um Geld oder um die Zusage von Zahlungen.

Antworten Sie als Erstes postwendend auf die Kündigung durch Ihren Vermieter. Zunächst müssen Sie „aus sozialen Gründen" der Kündigung widersprechen und dann ausführlich Ihre nächsten Schritte schildern. Je klarer Sie Ihre Rettungsaktion für die Wohnung darlegen, umso eher wird der Vermieter bereit sein, für eine gewisse Dauer auf die Erhebung der Räumungsklage zu verzichten. Mit einer Frist von vier Wochen ist Ihnen schon viel geholfen. Versetzen Sie sich in die Lage Ihres Vermieters: Er muss damit rechnen, dass Sie ab der Zustellung der Klageschrift erst recht keine Miete mehr zahlen, und bis zur endgültigen Zwangsräumung durch ein Gerichtsurteil vergeht viel Zeit, unter Umständen sogar ein ganzes Jahr. Zu diesem erheblichen Mietausfall kommen dann noch die Prozesskosten sowie aller Wahrscheinlichkeit nach auch die Aufwendungen für die Wohnungsrenovierung. Eine Fristverlängerung mit der Hoffnung auf Bezahlung der Mietschulden bedeutet also für ihn ein nur geringes Risiko. Diesen Umstand können Sie erfolgreich für Ihre Verhandlungen nutzen, um zunächst einmal Zeit zu gewinnen.

Die werden Sie auch brauchen, um an Geld zu kommen. Der nächste Weg führt Sie zu einem Schuldnerberater, der mit Ihnen all Ihre Kreditverpflichtungen durchgehen wird. Angesichts Ihrer hochaktuellen Notsituation dürfen Sie mit einem schnellen Termin rechnen. Erfahrungsgemäß wird er Ihnen zu einem sofortigen Stopp aller Ratenzahlungen für einen Zeitraum von sechs Monaten raten und versuchen, bei den Gläubigern entsprechende Stundungen durchzusetzen. Die so ersparten Aufwendungen bieten Sie Ihrem Vermieter sofort als Teilzahlungen auf die Mietschulden an, was sicherlich akzeptiert wird. Denn den Geldeingang wertet er als Beweis für die Ernsthaftigkeit Ihrer Bemühungen. Und auch bei Ihrer nächsten Anlaufadresse wird sehr aufmerksam registriert, dass Sie sich selbst helfen wollen. Es handelt sich um das Sozialamt, an dem in Ihrer fatalen Situation kein Weg vorbeiführt.
Hier erwarten Sie allerdings keine Damen und Herren, die Ihnen auf die Schnelle einige große Scheine überreichen. Vom Prinzip her übernimmt nämlich das Sozialamt keine Schulden, sondern bestenfalls zukünftige Mietzahlungen. Nur in gravierenden Notfällen kann ein Darlehen gewährt werden, das natürlich zurückgezahlt werden muss. Der drohende Wohnungsverlust zählt zu solchen Notfällen, die im Ermessen der Behörden liegen.
Es handelt sich also um eine Kann-, nicht um eine Muss-Bestimmung. Die strenge Prüfung Ihres Antrags wird allerdings auch Ihre Selbsthilfe berücksichtigen, sprich: die Verhandlungen mit dem Vermieter sowie das konkrete Angebot auf Teilzahlungen, die sich positiv auf einen dann geringeren Darlehensbetrag auswirken. Und noch eines weiß das Sozialamt, auch wenn es nicht gesagt wird: Sollten Sie obdachlos werden mit der Folge eines totalen sozialen

Absturzes, kommen auf das Sozialamt viel höhere Kosten zu als der anstehende Darlehensbetrag. Sie stehen in Ihrem Kampf um die Beibehaltung der Wohnung unter erheblichem Zeitdruck, denn die Gelder fließen nicht von heute auf morgen – vor allem nicht bei Behörden.

Das Gesetz sieht zwar vor, dass die Räumungsklage hinfällig wird, wenn innerhalb von zwei Monaten nach Erhebung der Klage die Mietschulden komplett bezahlt sind, aber dieser Zeitrahmen kann für Sie zu knapp werden. Und Ihr oberstes Ziel war und bleibt ja die Verhinderung der Räumungsklage. Informieren Sie also fortlaufend Ihren Vermieter über den Stand der Verhandlungen mit Schuldnerberatung und Sozialamt, um Ihre Glaubwürdigkeit zu erhöhen und eine weitere Fristverlängerung zu erwirken. Denn Sie haben noch einen schweren Brocken vor sich: Die künftigen Mietzahlungen nämlich. Zusammen mit Ihrem Schuldnerberater müssen Sie sehr genau Ihre Einnahmen daraufhin prüfen, ob Sie tatsächlich auf Dauer die Miete bezahlen können. Reicht Ihr Arbeitseinkommen bzw. Ihr Arbeitslosengeld aus? Können Sie mit einem Nebenjob Ihre Finanzen aufbessern? Würde Ihr Vermieter eine Untervermietung gestatten? Können Sie Ihre Lebenshaltungskosten dauerhaft senken? Dürfen Sie Unterstützungsgelder von Freunden oder Familie erwarten? Oder ist es an der Zeit, sich um eine preisgünstigere Wohnung zu kümmern?

Die Beantwortung dieser Fragen ist Teil Ihres nun hoffentlich vorausschauenden Schuldenmanagements. Denn auch, wenn Sie unter Einsatz aller Kräfte den Verlust Ihrer Wohnung abwenden konnten, dürfen Sie kein zweites Mal auf das Entgegenkommen von Vermieter, anderen Gläubigern oder des Sozialamtes hoffen.

8. Mein Gehalt wurde beim Arbeitgeber gepfändet

Eine solche Pfändung ist schon schlimm genug – aber noch viel dramatischer sind die damit ausgelösten Ängste. Denn Ihr Arbeitgeber hat nun, quasi offiziell, erfahren, dass Sie Schulden haben und sie

offenkundig nicht tilgen. Als Betroffener fürchten Sie jetzt natürlich das Schlimmste: die Kündigung des Jobs. Diese Angst ist nur allzu verständlich, aber glücklicherweise nicht gerechtfertigt: Wegen einer Gehaltspfändung darf Ihnen nur gekündigt werden, wenn Sie in der Buchhaltung oder im Sicherheitsdienst tätig sind. Aber auch, wenn Sie nicht zu diesem Personenkreis gehören, bleibt ein schlechtes Gefühl, nämlich das Gefühl, in den Augen des Arbeitgebers nicht mehr ganz vertrauenswürdig zu sein.
Jetzt hilft nur eins: Treten Sie die Flucht nach vorne an und informieren Sie Ihren Chef in einem vertraulichen Gespräch darüber, wie es zu dieser Pfändung kommen konnte und was Sie dagegen unternehmen werden. Da die Pfändung auf einer Lohn- bzw. Gehaltsabtretung beruht, die Sie bei Abschluss Ihres jetzt notleidenden Bankkredits vereinbart haben, ist Ihre rechtliche Situation noch nicht dramatisch. Immerhin sind keine Gerichte oder andere Vollstreckungsmaßnahmen im Spiel, sondern nur eine „böse Bank", die wegen einer kleinen Zahlungsverzögerung über das Ziel hinausgeschossen ist. So oder so ähnlich können Sie Ihren Chef beruhigen, verbunden mit dem Hinweis, dass Sie die peinliche Situation schnell aus der Welt schaffen werden.

Damit allerdings sind zwei entscheidende Fragen noch nicht beantwortet: Können Sie mit dem verbliebenen Resteinkommen, das unter der Pfändungsgrenze (z. B. 990 Euro für einen Alleinstehenden) liegt und somit nicht gepfändet werden darf, Ihre laufenden Verpflichtungen bezahlen? Und wie hoch sind Ihre Chancen, mit der Bank über eine Rücknahme dieser heftigen Maßnahme verhandeln zu können?
Beginnen wir mit dem Geld, das ja für Schuldner in Not eine ganz konkrete Zahl, bis auf 1 Euro genau, ist. Sie müssen daher umgehend jeden Cent Ihrer Ausgaben einer kritischen Prüfung unterziehen und Ihren Etat wirklich rücksichtslos zusammenstreichen. Ausgenommen von diesem „Streichkonzert" sind natürlich Ausgaben für Miete, Energie und allernötigste Lebensmittel, aber bereits der Posten „Alkohol und Tabak" kann durchaus dem Rotstift zum Opfer fallen. Sie werden erstaunt sein, wie teuer Sie dieser Luxus zu

stehen kommt und dankbar eine Entlastung von einigen Hundert Euro registrieren. Ähnlich steht es mit dem großen Geldfresser Auto, und der erste Gedanke ist der richtige: Ein blitzschneller Notverkauf macht Sie wieder flüssig. Diese brutalen Einschnitte in Ihre gewohnte Lebensführung können einen Schock bei Ihnen auslösen, der aber auch heilsam ist: Bedenkenloser Konsum kostet viel Geld, ohne die Lebensqualität wirklich zu erhöhen. Darüber würde keiner von uns jemals nachdenken, solange wir nicht zum Verzicht genötigt würden. Das mühsame Erlernen einer Verzichthaltung gehört aber nicht nur zu den Voraussetzungen eines intelligenten Schuldenmanagements, sondern macht Sie auch stark. Sie verspüren plötzlich eine ungeahnte Kraft, auch heftige Finanzkrisen zu meistern. Darauf dürfen Sie durchaus stolz sein und mit diesem Gefühl gehen Sie in das Gespräch mit Ihrem Banker.

Dem haben Sie ja sein hartes Vorgehen leicht gemacht, denn Sie hätten in Ihren Arbeitsvertrag nur den zulässigen Satz „Lohnabtretungen sind ausgeschlossen" aufnehmen brauchen, und die Pfändung wäre ins Leere gelaufen. Jetzt aber gilt es, Ihr „Aufwachen" nach dem Schreckschuss überzeugend zu schildern. Selbstverständlich gehört dazu, Ihren schweren Stand beim Arbeitgeber darzustellen, verbunden mit der Sorge um eine Jobkündigung. Die aber kann niemals im Interesse der Bank liegen, weil damit die Kredittilgung völlig ungewiss wird. Sie dürfen in diesem Punkt ruhig etwas dick auftragen, denn Ihr Banker soll Ihre handfesten Ängste spüren. Parallel dazu legen Sie Ihre zusammengestrichene Einnahmen-Ausgaben-Rechnung vor, inklusive des Autoverkaufs. Damit haben Sie gleich drei Fliegen auf einen Streich erlegt: Sie haben Ihre mutige Entschlossenheit zu einem schnellen Gespräch unter Beweis gestellt, Sie haben Ihre Ängste offen geschildert und Sie konnten nachweisen, dass Sie bereits konkrete Schritte zur Krisenbewältigung unternommen haben.

Bange Frage: Ist dennoch alles zu spät? Wie wird der Gesprächspartner mit diesen neuen Informationen umgehen? Dazu müssen Sie wissen, dass das Wort „zu spät" in Bankerkreisen unbekannt ist. Ein endgültiger Verzicht auf eine Forderung käme nach diesem Denken einer Kapitulation gleich – und die kann und will sich eine Bank nicht leisten. Der Kampf um die Rückführung jedes einzelnen Kredit-Euros in die Kasse der Bank ist das tägliche Brot, für den es nie „zu spät" sein kann. Auf diese Einstellung dürfen Sie setzen. Und weil die Bank auch keine Moralinstanz ist, die Ihnen wie ein gestrenger Vater die Ohren für Ihr erwiesen leichtfertiges Verhalten lang zieht, wird sie den Gesprächsfaden aufnehmen. Ihre vorgelegten Unterlagen zeigen dem Banker, dass Sie aufgrund Ihres jetzt erwiesenen Konsumverzichts durchaus die Monatsraten zahlen können – und allein das zählt. Wenn Sie zudem aus dem Erlös des Autoverkaufs sofort die rückständigen Raten zahlen können, steht einer Aufhebung der Pfändung nichts mehr im Wege. Mit dieser guten Nachricht werden Sie bei Ihrem Arbeitgeber Punkte machen und die peinliche Affäre wird in Vergessenheit geraten.

Um es noch einmal ganz deutlich zu sagen: Einzig und allein Ihre Aktivität bringt die Bank zum Einlenken, nicht aber wehleidiges Jammern als unverstandenes Opfer. Dafür schenkt Ihnen niemand auch nur 1 Euro. Die Bank wünscht keine Verschlimmerung des notleidenden Kredits, sondern will klare Perspektiven sehen und natürlich Geld. Und das können Sie in dieser Situation nur durch Konsumverzicht herbeischaffen.

9. Mein Bankkonto wurde mir gepfändet

Leider hat Sie da eine besonders üble Form des Schuldeneintreibens erwischt. Denn diese zulässige Maßnahme Ihres Gläubigers, die auf einem vollstreckbaren Titel beruht, können Sie mit einem Widerspruch oder anderen rechtlichen Mitteln nicht aus der Welt schaffen, sondern nur lindern, wie weiter unten geschildert. Und auch die Bank kann nicht helfen, sondern muss (fast) alle eingehenden Gelder dem Gläubiger überweisen. Die Folgen sind fatal: Sie können kein Bargeld mehr vom Automaten holen, Ihre Daueraufträge können nicht mehr ausgeführt werden, andere Banken werden Sie als Neukunden ablehnen und auch bei Ihrer Hausbank

müssen Sie mit einer Kontokündigung rechnen. Und wer kein Konto mehr hat, bekommt massive Schwierigkeiten mit dem Arbeitgeber und dem Vermieter. Denn der Arbeitgeber weiß nicht, wohin er das Gehalt überweisen soll, und erfährt dann von der rufschädigenden Kontopfändung, und der Vermieter kann nicht mehr per Lastschrift seine Miete eintreiben.
Diese geballten Probleme überrollen Sie als Schuldner und daher müssen Sie sich einen Nottermin beim Schuldnerberater geben lassen. Aber auch das kann gefährlich eng für Sie werden, denn mit Beginn der Kontopfändung läuft eine extrem knappe Frist von 14 Tagen, innerhalb deren Sie beim Vollstreckungsgericht noch etwas bewirken können.
Der § 850k der Zivilprozessordnung sieht nämlich vor, dass der sogenannte „unpfändbare Teil" Ihres Einkommens nicht gepfändet werden darf, wenn Sie fristgemäß (!) den entsprechenden Antrag stellen. Wenn Sie diese Frist versäumen, muss die Bank das komplette Guthaben an den Gläubiger überweisen. Gehen Sie daher sofort, auch ohne Hilfe vom Schuldnerberater, zum Rechtspfleger des Vollstreckungsgerichts bei Ihrem zuständigen Amtsgericht und bringen Sie alle Unterlagen über die Pfändung, Ihr Arbeitseinkommen, Kontoauszüge und Unterhaltsverpflichtungen mit. Nur so können Sie Ihr Geld unterhalb der Pfändungsgrenze retten, und zwar monatlich 990 Euro Ihres Nettolohns als Alleinstehender, 1.360 Euro Ihres Nettolohns bei Unterhaltspflicht für eine Person und 1.570 Euro Ihres Nettolohns bei Unterhaltspflicht für zwei Personen. Unter Umständen erkennt das Sozialamt einen höheren Satz an, wenn Sie besonders hohe Kosten für Miete haben. Eine schnelle Nachfrage vor dem Gerichtstermin kann sich also durchaus lohnen!

Die Rechtspfleger bei den Vollstreckungsgerichten sind Kummer gewohnt und halten zunächst in einem Protokoll den Sachverhalt fest. Innerhalb weniger Stunden ergeht dann ein gerichtlicher Beschluss, der Ihnen im laufenden Monat den unpfändbaren Teil Ihres Einkommens freigibt. Weiterhin ergeht ein Beschluss auf die vorläufige Aufhebung der künftigen Zwangsvollstreckungsmaßnahmen, der nach Anhörung des Gläubigers normalerweise die Pfändung des

unpfändbaren Einkommens dauerhaft verhindert. Diese Beschlüsse legen Sie dann unverzüglich Ihrer Bank vor, am besten persönlich, und heben das Ihnen bewilligte Geld ab. Fazit Ihrer Blitzaktion: Auf Biegen und Brechen haben Sie einen Etappensieg eingefahren, der Ihnen wenigstens das nackte Überleben sichert. Zumindest dann, wenn Sie sofort Miete und Energiekosten in bar auf die entsprechenden Konten einzahlen. Die akute Notfallversorgung ist geglückt, aber wie geht es weiter?
Unter Umständen hat die Bank Ihr Konto schon gekündigt oder aber Sie leben täglich in der Angst vor diesem Schritt. Das weiß auch Ihr Gläubiger und wird vorsichtshalber eine Gehaltspfändung beim Arbeitgeber durchgesetzt haben. Scheuen Sie sich nicht, ab sofort das Konto einer Vertrauensperson aus Familie oder Freundeskreis zu benutzen. Lassen Sie monatlich Ihr pfändungsfreies Einkommen vom Arbeitgeber dorthin überweisen und überweisen Sie Miete und Energiekosten wie gewohnt. Das beruhigt die Lage und spart die hohen Gebühren für Bareinzahlungen. Jetzt haben Sie Zeit, mit der Bank über die Kontokündigung zu sprechen. Denn es existiert eine Selbstverpflichtung der Banken, „ein Girokonto auf Guthabenbasis für jedermann" anzubieten. Weisen Sie höflich darauf hin und bitten Sie um Fortsetzung der Geschäftsbeziehung. Sollten Sie auf Granit beißen, wenden Sie sich an den Ombudsmann der Banken mit einer schriftlichen Beschwerde. Sie haben nichts mehr zu verlieren und der Versuch ist es wert. Adresse:

> ***Kundenbeschwerdestelle beim Bundesverband deutscher Banken e. V., Postfach 040307 in 10062 Berlin.***

Zusammen mit Ihrem Schuldnerberater, den Sie natürlich über jeden Ihrer Schritte genau informieren, gehen Sie nun das härteste Problem an: Wie bekommen Sie die Pfändung aus der Welt?
Zwei Möglichkeiten bieten sich an: Kontakt mit dem Gläubiger aufnehmen oder den Klageweg beim Vollstreckungsgericht beschreiten. Denn der § 765a der Zivilprozessordnung sieht durchaus die Aufhebung einer Kontenpfändung wegen unzumutbarer Härte vor. Dafür muss allerdings der Beweis erbracht werden, dass die schädlichen Wirkungen für den Schuldner in keinem Verhältnis zu

einer nur minimalen Teilbefriedigung des Gläubigers stehen. Wenn also nur kleinste Beträge auf eine große Schuldsumme zu pfänden sind und gleichzeitig der Schuldner deswegen in einen totalen sozialen Absturz zu rutschen droht, kann das eine unzumutbare Härte bedeuten, die mit den guten Sitten nicht mehr zu vereinbaren ist. Das Gericht wird dann die Pfändung als mutwillig betrachten und aufheben. Wenn Sie allerdings nach sorgfältiger Prüfung zu dem Ergebnis kommen, dass Ihre Erfolgschancen in einem solchen Prozess gering sind, verhandeln Sie besser mit dem Gläubiger. Denn wenn Sie den Prozess verlieren sollten, wird er nicht mehr sehr gesprächsbereit sein.

Folgen Sie in jedem Fall den Empfehlungen Ihres Schuldnerberaters, der dann in Ihrem Namen die Verhandlungen aufnimmt. Denn zu dem Ziel, die folgenschwere Kontenpfändung vom Gläubiger zurückziehen zu lassen, führen viele Wege. Die Festschreibung der Schuldsumme kommt ebenso in Betracht wie eine befristete Stundung oder ein Teilverzicht der Forderung bei Einmalzahlung der Restschuld oder bei regelmäßiger Zahlung der Raten.
Auch der Hinweis auf eine möglicherweise drohende und vollständige Zahlungsunfähigkeit Ihrer Person ist denkbar. Denn wenn Sie wegen der Kontopfändung arbeitslos werden sollten, somit über kurz oder lang bei Hartz IV landen und auch noch eine eidesstattliche Versicherung abgeben müssen, geht der Gläubiger völlig leer aus. Es liegt auf der Hand, dass Sie angesichts solcher Perspektiven die Verhandlungen unmöglich allein führen können. Nutzen Sie daher alle Möglichkeiten, die Ihnen Ihr Berater aufzeigt.

10. Ich kann das Autoleasing nicht mehr bezahlen

Sei es nun plötzliche Arbeitslosigkeit oder hoher Unterhalt nach einer Ehescheidung: Die Leasingkosten für Ihr Auto belasten Ihren schmal gewordenen Etat unerwartet mit einer nicht mehr bezahlbaren Summe. Folge: Nach Abzug vorrangiger Ausgaben wie Miete können sie die monatlichen Raten schlicht nicht mehr bezahlen. Und da die

Verträge sehr langfristig angelegt sind, haben Sie ein entsprechend langfristiges Problem. Ein kreditfinanziertes Auto können Sie von heute auf morgen verkaufen und mit dem Erlös die verbliebenen Kreditschulden bezahlen, basta. Keine Bank der Welt wird Ihnen da Schwierigkeiten machen.
Gänzlich anders sieht die rechtliche Situation bei Leasinggeschäften aus, denn Leasing bedeutet Miete auf Zeit, und diese Mietdauer kann nicht vorzeitig gekündigt werden. Im Grunde genommen ist Leasing ein Schönwettergeschäft, das gleichbleibend gute Finanzen voraussetzt. Kommen Sie hingegen in Zahlungsnöte, stehen Sie unvermittelt im Regen. Wenn Sie die monatlichen Raten nicht mehr bezahlen, reagiert Ihr Leasingunternehmen mit einem teuren Dreierschlag: Mahnung mit saftigen Zusatzgebühren, Vertragskündigung wegen Zahlungsverzugs mit noch saftigeren Gebühren, schließlich Abholung des Autos.
Damit hört der Albtraum aber nicht auf, wie Sie vielleicht hoffen, sondern beginnt erst richtig: Die monatlichen Raten laufen weiter, auch wenn das Auto nicht mehr in Ihrem Besitz ist. Was tun? Um einen Mahnbescheid über die Kosten der gesamten Restlaufzeit zu vermeiden, könnten Sie auf die Idee kommen, das Auto privat zu verkaufen, um mit dem Erlös wenigstens einen Teil der Schulden zu bezahlen. Dafür brauchen Sie aber zwingend die Autopapiere, die Ihnen das Leasingunternehmen aber nur bei sofortiger Zahlung der gesamten Laufzeitkosten überlässt. Da Sie aber noch nicht einmal mehr die Monatsraten bezahlen können, scheitert in aller Regel auch dieser Versuch. Es sei denn, Sie können Ihre Hausbank zu einer ungesicherten Zwischenfinanzierung bewegen. Sollten Sie noch in dieser Höhe kreditwürdig sein, greifen Sie unbedingt zu diesem Strohhalm! Sie werden zwar mit einem gewaltigen Minus diesen Vertrag beenden, aber Sie haben ihn dann auch beendet.
Ansonsten bleibt nur der Verhandlungsweg. Ihr Gesprächspartner in dieser als hartherzig bekannten Branche wird sich aber erfahrungsgemäß weder auf kleinere Raten noch auf Stundung einlassen, erst recht nicht auf eine sang- und klanglose Vertragsauflösung. Fragen Sie also nach dem Preis für das vorzeitige Ende Ihres Autotraums und bieten Sie eine Begleichung in Teilzahlungen an. Beschreiben

Sie Ihre Notlage mit dem Hinweis auf eine mögliche Zahlungsunfähigkeit. Auf dieses Angebot wird das Leasingunternehmen wahrscheinlich positiv reagieren, da es einen kräftigen Zusatzerlös verbuchen kann. Damit wären Sie einen sehr kostspieligen Klotz am Bein und die Illusion los, dass Leasingverträge in allen Lebenslagen günstig sind.

11. Der Gerichtsvollzieher will mich besuchen

Der unscheinbare Zettel im Briefkasten, womit der Gerichtsvollzieher seinen Besuch in den nächsten Tagen ankündigt und deshalb um Ihre Anwesenheit bittet, löst bei vielen Betroffenen eine gefährliche Mischung aus Panik und Wut aus. Auch Sie als Betroffener wären von diesen Gefühlen gewiss nicht frei, zumal bei einem ersten Besuch dieser Art. Hinzu kommt die Ungewissheit, um welche Schulden es denn überhaupt gehen könnte und in welcher Höhe. Dann kommen die panischen Überlegungen, vermeintliche Wertgegenstände wie Fernseher, Teppiche oder Bücher aus der Wohnung zu schaffen, damit sie nicht gepfändet werden können. Oder, noch dümmer: Die Wut im Bauch sagt einem, den Gerichtsvollzieher nicht hereinzulassen oder die Wohnung zu verbarrikadieren oder einfach wegzufahren.

Je eher Sie sich von diesen unsinnigen Gedanken lösen, umso besser. Denn Sie entgehen dem Gerichtsvollzieher nicht, weil er jedes Recht der Welt auf seiner Seite hat. Zudem kommt er ja nicht aus Versehen, sondern aufgrund eines vollstreckbaren Titels gegen Sie. Und Ihr Gläubiger hat ihn aufgefordert, bei Ihnen zu pfänden, was von Wert ist. Dies alles ist vollkommen rechtmäßig und auch nicht mehr zu verhindern. Was viele übersehen: Der Gerichtsvollzieher kann sich notfalls mit der Polizei gewaltsam Zugang zu Ihrer Wohnung verschaffen, indem er die Tür aufbricht. Vermeiden Sie also diese unnötige und fruchtlose Zuspitzung, die lediglich Ihren Nachbarn Anlass zum Tratschen bietet. Und wenn Sie wirklich nicht zum angegebenen Termin anwesend sein können, rufen Sie den

Gerichtsvollzieher an! Sie werden überrascht sein, wie freundlich und gelassen er mit Ihnen einen anderen Termin ausmacht. Die langjährige Berufserfahrung im Umgang mit verschuldeten Zeitgenossen, mit deren Not und Verzweiflung hat die meisten Gerichtsvollzieher zu äußerst zurückhaltenden und nachdenklichen Menschen gemacht.

Auch, wenn Ihnen das Herz bis zum Halse klopfen sollte, begrüßen Sie ihn freundlich und bieten ihm einen Stuhl an einem aufgeräumten Tisch an. Anhand seiner Unterlagen, die Sie selbstverständlich auch einsehen können, wird er Ihnen eröffnen, wer von Ihnen wie viel Geld haben will. Er verlässt sich dabei auf die Richtigkeit der gerichtlichen Urkunden, die er mit Ihnen durchgeht. Eines allerdings können Sie vom Gerichtsvollzieher nicht erwarten: Dass er sich mit den Inhalten der Forderung auskennt. Nach einer kurzen Besichtigung der Wohnräume kommt dann fast immer die Erlösung für Sie als Schuldner: Er stellt fest, dass er keine verwertbare Habe vorgefunden hat. Längst sind die Zeiten vorbei, als der berühmte Kuckuck, also das Pfandsiegel, sogar auf eine Tischuhr geklebt wurde. Denn die geringen Verwertungserlöse bei Zwangsversteigerungen decken nicht einmal die Kosten der Mühe.

Für das Protokoll fragt der Gerichtsvollzieher Sie dann nach Bargeld, Schmuck und anderen Wertgegenständen, ohne wirklich Pfändbares zu erwarten. Der gefürchtete „offizielle" Teil des Besuchs ist damit abgeschlossen, aber sie sollten die Gelegenheit zu einigen vertrauensvollen Fragen durchaus nutzen. Zum Beispiel, ob eine ratenweise Begleichung der Schulden jetzt noch Sinn machen könnte, welche Schritte Ihres Gläubigers voraussichtlich zu erwarten seien, und was es denn mit der eidesstattlichen Versicherung auf sich habe. Ihr Besucher kann Ihnen wertvolle Hinweise und Ratschläge geben, von denen Sie als Schuldner nicht genug erhalten können. So lässt es sich mit Gerichtsvollziehern leben.

12. Ich soll einen Offenbarungseid leisten

Was heute als Eidesstattliche Versicherung (kurz: EV) bezeichnet wird, hieß früher Offenbarungseid, was die Situation eigentlich treffender beschrieb: Sie sollen Ihr gesamtes Vermögen offenbaren und die Wahrhaftigkeit Ihrer Angaben beeiden. Der einschneidende Vorgang, mit dem Sie es jetzt zu tun haben, hat allerdings nur die Bezeichnung gewechselt, am Inhalt aber nichts geändert. Die Aufforderung zur Abgabe einer EV erhalten Sie vom Gerichtsvollzieher, der nur auf Antrag eines Gläubigers tätig wird, nachdem die Pfändung aus dem Vollstreckungsbescheid bei Ihnen fruchtlos geblieben ist. Mittlerweile können Gläubiger auch beantragen, dass Ihnen unmittelbar nach erfolgloser Pfändung die EV abgenommen wird. Was aber bedeutet das für Sie als Schuldner?

Zunächst einmal müssen Sie sich von der Vorstellung lösen, dass Sie ab sofort gebrandmarkt und aus der Gesellschaft ausgeschlossen sind. Vielmehr befinden Sie sich in der gleichen Situation wie mehr als drei Millionen überschuldeter Privathaushalte, denen das gleiche Schicksal drohen kann, Tendenz steigend. Sie werden zwar in ein Schuldnerverzeichnis beim Amtsgericht aufgenommen, das aber nur von der Schufa und von Inkassobüros eingesehen wird. Keineswegs werden Sie öffentlich an den Pranger gestellt, Ihre Privatsphäre bleibt geschützt.
Ein häufiger Grund für die Erzwingung der EV liegt im Misstrauen Ihres Gläubigers begründet, der noch irgendwelche Vermögenswerte oder versteckten Einnahmen bei Ihnen vermutet, die Sie bisher verschwiegen haben. Daher muss der Gerichtsvollzieher auf vielen Seiten Papier ein umfangreiches Vermögensverzeichnis anlegen, das auch möglichen Immobilienbesitz, Lebensversicherungen, Münzsammlungen, offene Forderungen und ähnliches mehr umfasst sowie natürlich alle Ihre Einnahmen aus Erwerbstätigkeit, Nebenjobs, ALG I und Hartz IV sowie Rentenbezüge. Mit Ihrer Unterschrift unter diese eidesstattliche Versicherung ist der Fall für Sie erledigt, wobei Sie darauf hingewiesen werden, dass falsche Angaben strafbar sind.

Dass diese Prozedur selten mehr als eine Stunde dauert, zeigt überdeutlich, dass in dieser Phase der Überschuldung bei Ihnen nichts mehr zu holen ist, dass Ihnen die finanzielle Luft gerade noch zum Überleben reicht. Alles andere wäre auch verwunderlich, denn selbstverständlich hätten Sie die letzten Reserven aufgeboten, um diesen Schritt zu vermeiden. Sollten Sie hingegen durch einen neuen Job, eine Erbschaft oder durch andere finanzielle Zuwendungen zwischenzeitlich zu Geld gekommen sein oder in naher Zukunft zu Geld kommen, können Sie sich gegen die Abgabe der EV zur Wehr setzen. Denn der § 900 der Zivilprozessordnung sieht eine Fristverlängerung von sechs Monaten vor, in denen Sie Ihre Schulden begleichen können. Wenn Ihnen das wenigstens zu 75 Prozent gelingt, wird die Frist noch einmal um zwei Monate verlängert. Diese Galgenfrist von insgesamt acht Monaten sollten Sie aber nur dann nutzen, wenn Sie wirklich zahlen können.

Wenn Sie allerdings buchstäblich nichts mehr anbieten können, weil Sie restlos pleite sind, dürfen Sie die Abgabe der EV nicht verweigern. Es existieren dann auch keine weiteren Rechtsmittel mehr. In diesem Zusammenhang kommt das Furcht einflößende Wort „Haft" ins Spiel, mit denen Schuldeneintreiber regelmäßig drohen. Das aber ist keine Gefängnisstrafe, sondern eine Erzwingungsmaßnahme, falls Sie sich grundlos weigern, eine EV abzugeben. Warum aber sollten Sie das tun? Und der Gläubiger wird sich einen solchen Antrag auch dreimal überlegen, da er erhebliche Kostenvorschüsse leisten müsste. Daher steht diese Drohung nur auf dem Papier, wird allerdings dennoch gern benutzt, um Angst und Schrecken zu verbreiten.

Was sind nun die Auswirkungen einer EV auf Ihr weiteres Leben? Überraschenderweise ändert sich kaum etwas mit der Offenbarung Ihres Vermögens, besser gesagt: Ihrer Mittellosigkeit. Eine erhebliche, allerdings zu verschmerzende Folge besteht darin, dass Sie ab sofort nirgends mehr einen Kredit bekommen. Da Sie allerdings mit hoher Wahrscheinlichkeit schon lange nicht mehr als kreditwürdig galten, trifft Sie diese Maßnahme nicht wirklich. Ein weiterer, eher angenehmer Aspekt der EV: Ihre Gläubiger werden nun endgültig von weiteren Pfändungsversuchen oder anderen Vollstreckungsmaßnahmen absehen. Es ist den Gläubigern klar geworden, dass künftige Schritte absolut nichts bringen und von ihnen aus eigener Tasche bezahlt werden müssten. Also haben Sie Ruhe und können ungestört mit einem Schuldnerberater, den sie spätestens jetzt aufsuchen sollten, die Möglichkeiten eines privaten Insolvenzverfahrens prüfen, das Sie nach Ablauf von einigen Jahren endgültig schuldenfrei stellt. Eines allerdings müssen Sie ab sofort strikt unterlassen, nämlich die Aufnahme neuer Schulden, sofern Ihnen das überhaupt gelingt. Denn sollten Sie dann in Verzug geraten, könnte Ihnen ein Betrugsverfahren drohen.

13. Ich kann den Unterhalt nicht mehr bezahlen

Vor dem Gesetz ist es völlig unerheblich, ob Sie für nicht eheliche Kinder oder für Frau und eheliche Kinder nach einer Scheidung aufkommen müssen: Die Unterhaltszahlungen stehen ganz oben auf der Skala zwingender Ausgaben.

Bei allen denkbaren Verletzungen Ihrer Unterhaltspflicht werden sich Gerichte und staatliche Behörden immer auf die Seite der Unterhaltsberechtigten stellen. Und wenn Sie sogar vorsätzlich keinen Unterhalt zahlen, obwohl Sie es könnten, droht Ihnen eine Gefängnisstrafe. Bei diesem heiklen Thema müssen Sie sehr genau Ihre Einkommensverhältnisse und Ihre Lebensführung prüfen, bevor Sie an den laufenden Zahlungspflichten etwas verändern können. Sie sind also quasi zur Zusammenarbeit mit Familiengericht und Jugendamt verpflichtet und müssen sich selbstständig um die entsprechenden Kontakte bemühen.

Auch, wenn es Ihnen aus verständlichen Gründen schwer fällt: Regelmäßige Gespräche mit Ihrer Ex-Frau oder der Mutter Ihres unehelichen Kindes über Ihre finanzielle Situation sind unerlässlich, um größere Schäden zu verhindern. Dies gilt auch dann, wenn Sie mehr bezahlen, als Sie müssten.

Zumeist aber handelt es sich ja nicht um bösen Willen oder hemmungslose Konsumsucht, wenn Unterhaltsleistungen plötzlich

unbezahlbar erscheinen, sondern eher um soziale Katastrophen wie Jobverlust, Erwerbsunfähigkeit oder um einen Tiefpunkt in der Schuldenfalle.
Um mit Letzterem zu beginnen: Hier sind Ihre Chancen aussichtslos, beim Familiengericht oder Jugendamt eine Anpassung der Unterhaltszahlungen zu erwirken. Sie können wohl nur auf das Verständnis Ihrer Ex-Ehefrau hoffen, wenn Sie für einige Monate nur wenig oder überhaupt nichts zahlen können.
Wenn hingegen Ihre Einnahmenseite, beispielsweise durch Arbeitslosigkeit, dauerhaft gesenkt ist, hilft Ihnen eine Abänderungsklage beim Familiengericht, das den Unterhalt ursprünglich festgesetzt hat. Wurde der Unterhalt vom Jugendamt festgelegt, müssen Sie dort einen Antrag auf Anpassung des Unterhalts stellen. In jedem Fall werden Ihre Ausgaben sehr kritisch überprüft, damit Sie sich nicht pauschal arm rechnen können. Der absolute Vorrang der Unterhaltsverpflichtung kann für Sie den Umzug in eine kleinere Wohnung oder den Verzicht auf ein Auto bedeuten.

Sollte der schlimmste Fall eintreten, nämlich Ihre erwiesene Zahlungsunfähigkeit, erörtern Sie gemeinsam mit Ihrer Ex-Ehefrau die Möglichkeit, dass vom Jugendamt die monatlichen Leistungen übernommen werden. Diese Hilfe nennt sich Unterhaltsvorschuss und garantiert wenigstens den Unterhaltsberechtigten das Überleben. Dabei handelt es sich allerdings keineswegs um ein Geschenk des Staates, sondern lediglich um ein Darlehen, das Sie als Schuldner später zurückzahlen müssen.
Überhaupt sind die Fristen sehr lang, in denen Sie für den Unterhalt geradestehen müssen. Wenn Sie die Zahlungen einstellen und Ihre Ex-Frau in der Hoffnung auf Besserung der Situation zunächst nichts gegen Sie unternimmt, verjährt der Anspruch dennoch erst nach drei Jahren. Wenn Ihre Ex-Frau jedoch einen rechtskräftigen Titel auf Zahlung gegen Sie erwirkt, was verhältnismäßig einfach vonstatten geht, verjährt der Anspruch erst nach dreißig Jahren. Sie müssen bei Besserung Ihrer Einkommenssituation jederzeit mit einer Lohn- oder Gehaltspfändung rechnen. Dabei legt das Vollstreckungsgericht nicht die übliche Pfändungstabelle zugrunde, sondern entscheidet

selbstständig über den Betrag, der Ihnen verbleibt. Zumeist stehen Sie damit noch schlechter da. Wenn Sie sich nur in vorübergehenden Zahlungsschwierigkeiten befinden, lassen Sie es besser nicht auf einen Rechtsstreit ankommen, den Sie nur verlieren können. Streichen Sie alle überflüssigen Ausgaben, notfalls für eine befristete Zeit auch die Kreditraten und legen Sie das Ergebnis Ihrer Ex-Frau vor. Wenn Ihnen das absolut unmöglich ist oder Ihnen ein Gespräch verweigert wird, bitten Sie vertrauensvoll das Jugendamt oder einen Schuldnerberater um Vermittlung. Denn selbst eine zeitweilig herabgesetzte Zahlung, die Sie allerdings nach kurzer Zeit wieder ausgleichen müssen, ist für das Wohl der Kinder besser als quälende Prozesse mit ihrer enormen Belastung für alle Beteiligten.

Sechste Lektion

Dispo- und Ratenkredit: So durchlaufen Sie die Bankentricks

Es sei immer noch die Frage, so notierte einst der deutsche Schriftsteller Bert Brecht, was krimineller sei: eine Bank auszurauben oder eine Bank zu gründen. Sein amerikanischer Kollege Mark Twain bemerkte süffisant: Banken seien in ihrer Kreditvergabe wie Regenschirmverleiher, die sofort die Regenschirme zurückforderten, wenn es zu tröpfeln begänne.

Wir lächeln zwar über solch hübsche Wortspiele, ahnen aber doch zugleich unsere Ohnmacht im Umgang mit Banken. Dabei vergessen wir allzu schnell, dass diese, ebenso wie unser Gemüsegeschäft nebenan, schlicht und einfach mit Waren handeln: Was dem einen seine Tomaten, ist dem anderen sein Geld. Wenn niemand diese Waren haben will, sind beide schlagartig pleite.

Anders gesagt: Die Banken leben von uns als Kreditnehmer, aber wir verhalten uns wie Bittsteller. Versuchen wir also im Folgenden, die Tricks der Banken zu durchschauen, um mit gestiegenem Selbstvertrauen verhandeln zu können. Das ist wahrlich nicht einfach, aber Sie müssen in jeder Situation mit Ihrem Banker reden – auch und gerade, wenn Ihnen das Wasser bis zum Halse steht. Aber der Reihe nach.

Niemand braucht einen Dispokredit

Na klar: Nicht jeder, der einen Dispositionskredit (Dispo) in Anspruch nimmt, landet beim Offenbarungseid. Aber jeder, der eine eidesstattlichen Versicherung (so heißt der Offenbarungseid seit einiger Zeit, vgl. 5. Lektion) abgeben muss, hat mit einem zumeist unsinnigen Dispo begonnen. Denn diese äußerst verführerisch gestaltete Einstiegsdroge in die Schuldenfalle braucht tatsächlich niemand, abgesehen natürlich von Gewerbetreibenden.
Bei privaten Haushalten mit einem geregelten Arbeitseinkommen kommt der Dispo zunächst als freundlicher Vertrauensbeweis der Bank daher. Bis zu zwei Monatsgehälter könne der Kunde sein Konto ohne weitere Nachfrage überziehen, versprechen die Banken, die auch gelegentlich bis zu sechs Monatsgehälter Überziehung ungefragt anbieten. Und dabei ist die Zielgruppe für dieses mit 12 und mehr Prozent Überziehungszinsen teure Geld fast ausschließlich der Kunde mit einem Gehalt von höchstens 2.500 Euro, zumeist sogar deutlich weniger. Denn bei dem fressen die monatlichen Lebenshaltungskosten das Einkommen bis zum letzten Euro auf, an eine Sparrücklage ist ohne täglich spürbare Einschränkungen nicht zu denken. Dafür sorgen auch ständige Preiserhöhungen bei Energie- oder Mietnebenkosten, so dass mehr als die Hälfte aller Deutschen über keine Sparrücklagen verfügt.

Da erscheint ein Dispo von vielen Tausend Euro wie ein Weihnachtsgeschenk – endlich kann man sich Konsumgüter, Fernreisen oder Autos sofort leisten. Ein Kauf ohne Reue, wie es scheint, die Bank bezahlt alles. Völlig unnötig die Frage, wie und wann man denn diesen Betrag zurückzahlen kann, schließlich will es die Bank auch nicht wissen. Psychologisch gesehen ist der Disponutzer an Glücks- und Selbstwertgefühlen zunächst nicht zu überbieten und daher keinem guten Rat zugänglich. Praktisch gesehen kommt den vermeintlichen

Glückspilz dieser nur einmalige Konsumrausch auf Pump teuer zu stehen: Er verteuert alles um mindestens 12 Prozent (bei einem Dispo von 5.000 Euro fallen im ersten Jahr 600 Euro Zinsen an!) und hängt einem wie ein Klotz am Bein. Denn wer schon vorher jeden Monat knapp bei Kasse war, ist es jetzt erst recht. Eine sogar nur bescheidene Rückzahlung von 200 Euro monatlich tut gemein weh – und das für eine lange und bittere Zeit von zweieinhalb Jahren! Häufige Folge: Wir tun so, als ob es die Disposchulden nicht gäbe.

Das weiß auch die Bank, die zunächst nicht auf Rückzahlung drängt, sondern nur die hübschen Zinsen kassiert. Und sie gewährt ihrem Schuldner noch einen scheinbaren Sieg: Sie gestattet stillschweigend Überweisungen und Barabhebungen in Höhe eines weiteren Monatsgehalts, nennt das Ganze „nicht genehmigte Überziehung" und kassiert dafür satte 18 Prozent. Aber die Freude im Hause des Überziehungskünstlers, dem der Automat völlig unerwartet immer noch Bares ausspuckt, währt nur kurz. Denn der vermeintliche Sieg über die Bank wandelt sich rasch in eine Niederlage, wenn nach einem Jahr rund 1.000 Euro (!) Zinsen abgebucht sind und die Bank energisch nachfragt, wann sie die 7.500 Euro Schulden zurückbekommt.

Halt! Was ist hier schiefgelaufen?

Leider eine ganze Menge, wenn auch aus psychologisch gut nachvollziehbaren Gründen. Denn das Dispoangebot der Bank hat uns so sehr geschmeichelt, dass wir schlagartig das Denken eingestellt haben. Eine mächtige Institution hat uns ihr Vertrauen geschenkt, endlich sind wir wer! Wir tragen zum Aufschwung des Landes bei, denn nur konsumfreudige Bürger sind gute Bürger! Unser lang unterdrücktes „Das will ich sofort auch haben !"-Gefühl kann sich austoben! Banken sehen diesen Vorgang deutlich nüchterner: Sie haben nur ihre Ware angeboten, Geld nämlich, da sie von Kontenverwaltungen weder leben können noch wollen. Und schließlich, so die schlichte Logik, hätten sie niemanden dazu genötigt, den Dispo auch zu nutzen. Der Kunde ist König und kann doch wohl eigenverantwortlich seine Finanzen managen, oder? Dieser berechnenden

Scheinheiligkeit kann sich der Normalverdiener nur mit einem schmerzhaften Schritt widersetzen: Er muss auf das Dispoangebot verzichten, damit aus dem Geldsegen nicht ein Schuldenfluch wird!

Der kleine Selbstbetrug, auf die üblichen Kreditaufnahmen des Staates oder der Unternehmen hinzuweisen, hilft auch nicht wirklich: Der Staat holt sich seine Schuldenmacherei über Steuererhöhungen zurück, und Unternehmen leihen sich nur dann Kapital, wenn die damit getätigten Investitionen mehr Geld einbringen als die Schuldsumme nebst Zinsen. Der schlichte Disponutzer jedoch hat keine Steuereinnahmen, kann also sein festes Gehalt nicht erhöhen, und seine „Investitionen" werfen keinen Gewinn ab – mit dem Konsum der heiß begehrten Waren oder Dienstleistungen ist das Geld schlicht futsch. Neben einer knackigen Sonnenbräune bleibt vom schuldenfinanzierten Urlaub nur die Gewissheit, dass er 12 Prozent mehr gekostet hat als der Katalogpreis und die ganze Chose noch bezahlt werden muss. Eben auch die luxuriöse Heimkinoanlage oder das Moped für den Sohn, denn all diese Anschaffungen bringen kein Geld zurück in die Haushaltskasse, sondern kosten nur. Und von „Werten" wird niemand sprechen, der beispielsweise die Spottpreise für gebrauchte Unterhaltungselektronik oder noble Schrankwände kennt.

Vom Traum zum Albtraum: die Dispokündigung

Der klassische Disponutzer steckt erfahrungsgemäß den Kopf in den Sand, wenn die ersten Briefe oder Anrufe von der Hausbank kommen, obwohl sie im Ton noch freundlich gehalten sind. Statt unverzüglich den persönlichen Kontakt zum Geldinstitut zu suchen, woran grundsätzlich (!) kein Weg vorbei führt, träumt er weiter von seiner erwiesenen Kreditwürdigkeit und seiner privilegierten Mitgliedschaft im Kreise glücklicher Konsumenten. Motto: Schuldentilgung, was ist das? Doch jetzt kommt der schlagartig ernüchternde Brandbrief von der Bank: „...und stellen wir den eingeräumten Dispositionskredit in voller Höhe zur sofortigen Zahlung fällig." Die Folge: Wie ertappte

Sünder schleichen wir uns gesenkten Hauptes zu unserem Sachbearbeiter und erwarten unsere Hinrichtung. Doch weit gefehlt, denn die Bank will nur unser Bestes – unser Geld nämlich. Sie schlägt uns die Überführung der Disposchulden in einen langfristigen Ratenkredit mit günstigeren Zinsen vor, so um die 8 Prozent.

Die Erleichterung darüber ist bei uns verschreckten Schuldnern so groß, dass wir umgehend unterschreiben. Unterschrieben haben wir allerdings in aller Regel noch einige Kleinigkeiten: Eine Bearbeitungsgebühr für den Kredit von 2 Prozent, die Gehaltsabtretung an die Bank für den Fall des Zahlungsverzugs, den Abschluss einer Restschuldversicherung sowie eine lange Laufzeit des Kredits von beispielsweise 60 Monaten, damit die monatlichen Raten schön klein bleiben.
Nun wäre eigentlich bei kühlem Verstand jedermann klar, dass längere Laufzeiten auch mehr Zinszahlung bedeutet, die hohe Bearbeitungsgebühr mehr als fraglich ist, dass eine für die Bank unkompliziert gewordene Gehaltspfändung zum Jobverlust führen kann und die hohen Prämien für die Restschuldversicherung, an deren Abschluss die Bank unmittelbar saftige Provisionen verdient, auf den Kredit draufgeschlagen werden. Wie gesagt: Eigentlich wäre jedem diese Kreditverteuerung klar – aber gewiss nicht dem gekündigten und somit verängstigten Disponutzer. Denn der schaut nur auf die Monatsraten: Hauptsache klein! Und dass diese in den nächsten fünf Jahren automatisch abgebucht werden, ist den meisten nur recht. Der erste Schritt zur schleichenden Selbstentmündigung ist getan, und, vor allem: Es hat überhaupt nicht wehgetan.
Im Gegenteil, und darum versuchen viele Banken in dieser Situation, weiterhin ihre Ware Geld höchst erfolgreich an den Mann oder die Frau zu bringen und räumen abermals einen Dispokredit ein. Die Folge: Wir als Schuldner fühlen uns erneut als Sieger, da wir ja mit einem Federstrich die alten Disposchulden beglichen haben, zahlen aus dem neuen Dispo brav und schmerzfrei unsere Kreditraten und haben noch Geld für allerlei Konsumgelüste übrig. Tatsächlich aber sind wir schon tief gesunken: Wir bezahlen Schulden mit neuen Schulden.

Die einzige Erfolgsstrategie: Verhandeln statt Verschulden!

Wie lässt sich diese ungute Entwicklung vermeiden? Denn was sich hier anbahnt, ist ein Schrecken ohne Ende – routiniert gemanagt von den Banken, die an rund 250 Milliarden Euro ausstehender Konsumentenkredite bestens verdienen. Dann lieber doch ein Ende mit Schrecken.

Und das könnte so ausschauen: Wir vereinbaren jeden Monat (!) einen persönlichen Termin bei der Bank, um über den offenen Dispo zu reden und unsere Bereitschaft zur Rückzahlung zu dokumentieren. Damit wird in aller Regel eine Kündigung vermieden, die Ablösung des Dispo durch einen Ratenkredit überflüssig. Wir werden also auf der ersten Stufe der Verschuldung aktiv, und das geht so:

» Wir bieten Extrazahlungen an, zum Beispiel durch die Auflösung des Sparbuchs, das ohnehin nur 2 Prozent Zinsen zahlt.

» Wir prüfen gemeinsam mit der Bank alle Einsparmöglichkeiten in unseren monatlichen Belastungen, stellen z. B. eine vorhandene Lebensversicherung für ein Jahr beitragsfrei und bedienen aus den ersparten Prämien den Dispo.

» Wir bieten an, vorübergehend einer Nebentätigkeit auf 400-Euro-Basis nachzugehen, um aus diesem Zusatzerlös den Schuldenberg zu verkleinern.

Urlaubs- und Weihnachtsgeld wird ebenfalls zur Tilgung verwendet. Das Auto wird für ein halbes Jahr stillgelegt und die ersparten Benzin- und Versicherungskosten zur Schuldenreduzierung benutzt.

So schrecklich ist es dann, das Ende mit Schrecken. Aber Sie haben sich damit selbst den größten Gefallen getan und sich zudem die Bank zum Partner gemacht, nicht zum Gegner. Sie sind keine Nummer mehr, sondern ein persönliches Schicksal. Die Bank honoriert solche Einstellungen, und wenn Sie dann nach höchstens einem bitteren und entbehrungsreichen Jahr schuldenfrei sind, können Sie auf gleicher Augenhöhe mit der Bank verhandeln.

Umschuldung? Wer wirklich davon profitiert

Wenn die Gelegenheit zum ernsthaften und sicherlich schmerzlichen Schuldenabbau in der Dispophase nicht genutzt wird, droht erfahrungsgemäß eine weitere „Freundlichkeit" der Banken, Umschuldung genannt. Dieser Fall tritt ein, wenn auch der neuerlich gewährte Dispo bis zum Limit ausgeschöpft ist, der Ratenkredit nur noch mit Mühe abgezahlt werden kann und Schicksalsschläge wie Arbeitslosigkeit oder Ehescheidung auch auf die finanzielle Situation durchschlagen.
In den Ohren des gebeutelten Schuldners klingt dann das Bankangebot „Kreditumschuldung" oder „Kreditzusammenfassung" irgendwie verlockend, zumal wenn noch ein hübscher Betrag zur freien Verfügung auf den neuen Kredit draufgepackt wird und eine abermalige Verlängerung der Kreditlaufzeit für schmerzfreie Monatsraten sorgt, die unter den bisherigen liegen. Der Volksmund hat schon recht: Der Weg zur Hölle ist mit guten Vorsätzen gepflastert, und so langsam werden die Umrisse der Kredithölle sichtbar. Denn die Schulden werden nicht weniger, sondern steigen dramatisch. Und wer vor solch einer Umschuldung weder ein noch aus wusste, wird spätestens jetzt vollends an der Welt verzweifeln.
Die Verbraucherzentrale berichtet von nahezu unglaublichen Fällen, die vom Institut für Finanzdienstleistungen dokumentiert wurden: So wuchs der Schuldenberg eines Bankkunden nach vier Umschuldungen innerhalb von sieben Jahren von 4.356 Euro auf 39.452 Euro an – und das bei stetigen Rückzahlungen des Kreditnehmers! Der Kunde, so rechnet das staatliche Aufsichtsamt vor, sei mit rund 20.000 Euro Mehrkosten belastet worden. Wie aber kann es zu solch unsinnigen und brandgefährlichen Verteuerungen kommen, die noch nicht einmal die profitierende Bank erfreuen, weil das Kreditausfallrisiko enorm steigt? Der Teufel steckt im Detail – hier die fünf schlimmsten Fallen:

Die erste Falle: Umschuldungen werden meist vorgenommen, wenn der erste Kredit noch nicht zurückgezahlt ist. Da immer zuerst die Kreditkosten abbezahlt werden, ist die eigentliche Kreditsumme kaum gesunken. Und da die Zinsen erst zum Schluss bezahlt werden, fällt auch die Gutschrift für „nicht verbrauchte Zinsen" denkbar gering aus.

Die zweite Falle: Die Zinsen für den neuen Kredit liegen fast immer deutlich höher als für den alten. Denn die Banken arbeiten mit unterschiedlichen Zinssätzen für „gute Schuldner" und für „weniger gute Schuldner". Die Zinsmehrkosten können leicht 50 Prozent betragen, wenn Sie bei der Bank nicht mehr so kreditwürdig erscheinen.

Die dritte Falle: Die Bearbeitungsgebühr von 2 Prozent wird auf den abgelösten Kredit und auf die hinzu kommende Kreditsumme erhoben. Es gibt keine anteilige Erstattung, so dass Sie für den Anfangskredit praktisch die doppelte Bearbeitungsgebühr bezahlen.

Die vierte Falle: Die Banken verlangen für die Gesamtsumme des neuen Kredits den Abschluss einer neuen Restschuldversicherung. Die Versicherung des Vorkredits wird gekündigt, aber die nicht verbrauchten Prämien lediglich in der Höhe des lächerlich kleinen Rückkaufwertes gutgeschrieben. Und da Sie mittlerweile älter geworden sind, steigen auch die Prämien dieser erzwungenen Neuversicherung.

Die fünfte Falle: Grundsätzlich müssen die kompletten Prämien der Restschuldversicherung sofort und auf einen Schlag bezahlt werden. Da der Kreditnehmer kein Geld hat, wird diese Summe auf den Kredit aufgeschlagen. Und mit dieser Krediterhöhung erhöht sich nicht nur die Zinslast, sondern auch die Prämie für die Restschuldversicherung. Durchschnittlich wachsen die Kosten für diese Versicherung pro Umschuldung um rund 60 Prozent. Und selbstredend verdient die Bank an jedem neuen Versicherungsabschluss üppige Provisionen.

Das Umschuldungskarussell wird immer schneller – was nun? Erinnern wir uns an den Anfang dieses Kapitels: Da wurde einem bisher schuldenfreien Bankkunden ein Dispokredit in Höhe von 5.000 Euro eingeräumt. Und jetzt, mit Abschluss der ersten Umschuldung, ist vom anfänglichen Kredit so gut wie nichts getilgt, bezahlt wurden nur hohe Zinsen und hohe Kosten für Bearbeitung und Restschuldversicherung. Diese bittere Einsicht kann aber noch bis zur nächsten und übernächsten Umschuldung verdrängt werden, denn die Bank hat ja die Monatsraten an die finanziellen Möglichkeiten des Kreditnehmers angepasst. Was aber so fürsorglich erscheint, lässt nur das Umschuldungskarussell immer schneller werden. Um es noch einmal klipp und klar zu sagen: Eingetreten ist bisher lediglich eine extrem teure Verwaltung der Schulden, nicht aber deren Tilgung. Das aber verkehrt den Sinn jeder Kreditaufnahme in sein glattes Gegenteil, was alle außer den Schuldnern genau wissen. Denn die stecken zumeist noch immer in ihrer wohlgefälligen Betrachtung der Dinge: Es hat ja noch nichts wehgetan.

Dabei wäre es jetzt an der Zeit, zusammen mit einem guten, aber neutralen Freund den eigentlichen Kreditbetrag und die horrenden Kreditkosten genau zu überprüfen, bevor die nächste Umschuldung ins Haus steht. Und der Schrecken über das Ausmaß der wirklichen Kreditkostenhöhe von 20 Prozent und mehr (!) darf dem Schuldner getrost in die Glieder fahren: Seine schönen Anschaffungen und Konsumausgaben waren um ein Fünftel höher als geplant. Da ergibt es wenig Sinn, sich weiterhin über ein paar Prozent Preisnachlass oder das vermeintliche Schnäppchen zu freuen, denn keine Inflationsrate ist so bedrohlich wie die wahren Zinsen – zumindest, wenn endlich ehrlich gerechnet wird.
Hieß es anfangs noch: *„Ich habe ein paar Schulden bei der Bank"*, müsste das Eingeständnis jetzt lauten: *„Ich bin verschuldet"*. Und bevor daraus die niederschmetternde Erkenntnis *„Ich bin überschuldet"* werden kann, müssen dem Schuldner jetzt die Augen geöffnet werden, um einen Ausweg zu finden. Wer viel Glück hat, kann die notwendigen Gespräche darüber mit seinem Banker führen. In aller Regel jedoch wird der Schuldner in Familie oder Freundeskreis nach

einem Helfer suchen müssen, den er zu seinem „privaten Treuhänder" ernennen kann. Es gilt, sofort und energisch das Verschuldungskarussell zu stoppen. Denn alle vermeintlichen „Siege" über die Bank haben sich in Niederlagen verwandelt. Zynisch gesagt: Noch so ein „Sieg" und der Schuldner ist endgültig verloren.

Vor dem naheliegenden Fluchtgedanken, nämlich zu einer anderen Bank zu wechseln, kann nicht energisch genug gewarnt werden. Denn ein Bankenwechsel bedeutet nur eines: Eine erneute Umschuldung wird damit fällig, bei nochmals höheren Kreditkosten. Der Traum von einem vollständigen Neuanfang mit vielleicht 8 Prozent Zinsen bleibt ein schöner Traum, da der Schuldenverlauf genau bei der Schufa registriert ist, wo sich die neue Bank als erstes informiert. Was aber tun, wenn der Schuldner mit seiner Bank nicht mehr reden will oder kann? Hier setzt die Arbeit des „privaten Treuhänders" ein, der als Makler des guten Willens völlig unbelastet mit der Bank verhandeln kann, wohlversehen mit den notwendigen Vollmachten.

Im Wesentlichen sind es zwei schwere Brocken, die der Treuhänder angehen muss: Das verständliche Misstrauen der Bank und die blauäugige Leichtfertigkeit des Schuldners. Die Erfahrung zeigt aber, dass Banken durchaus mit sich reden lassen, wenn sie sich aufrichtig informiert fühlen, und dass Schuldner zu gewaltigen Leistungen bereit sind, wenn es endlich wehtut. Welche Schritte führen zum Erfolg?

1. *Der Schuldner legt einen exakten Haushaltsplan für mindestens ein Jahr vor, aus dem die Summe aller dramatischen Einsparmöglichkeiten, wozu auch Urlaubsverzicht gehören sollte, hervorgeht. Den so ersparten Betrag bietet der Treuhänder als Sondertilgung auf die Kreditschulden an. Im Gegenzug setzt die Bank für 6 Monate die Kreditraten aus und akzeptiert diesen Betrag ebenfalls als Sondertilgung. Wichtiges Verhandlungsziel: Alle Sonderzahlungen sollen ausschließlich den eigentlichen Kredit reduzieren, nicht aber die Zinsen.*

2. *Der Schuldner nimmt eine Nebentätigkeit an, und dieser Zusatzverdienst kommt direkt dem Treuhänder zugute. Er bietet der Bank diese Einmalzahlung an, und setzt im Gegenzug eine Festschreibung der Schulden durch.*

3. *Der Schuldner bittet um einen privaten, zinslosen Kredit in seiner Familie, was gewiss schmerzlich ist. Der Treuhänder bietet diesen Betrag ebenfalls als Sonderzahlung an, ohne dass deswegen ein neuer Kreditvertrag geschlossen wird.*

Diese hochgesteckten Ziele können nur erreicht werden, wenn die Bank wirklich von den Bemühungen des Schuldners überzeugt ist. Auf gut Deutsch heißt das: Sie will Bares sehen. Daher muss der private Treuhänder Druck auf den Schuldner ausüben, der bislang erfolgreich jeder schmerzhaften Einschränkung seiner Lebensgewohnheiten entkommen war.

Bankschulden: die hilfreiche Merkliste

Banken sind Wirtschaftsunternehmen, die mit der Ware Geld handeln. Bei den bekannten und halbwegs seriösen Instituten darf der Kunde immerhin noch auf Verhandlungsbereitschaft setzen, wenn es mal eng wird. Das ist bei vielen neugegründeten Kreditbanken nicht der Fall: Sie kündigen beim ersten Zahlungsverzug sofort Kredit und Konto und verkaufen die Forderung an Inkassounternehmen – der Beginn unendlich langer Leidenswege.

Dispokredite sind nur für Leute in guten und gesicherten Einkommensverhältnissen sinnvoll, die innerhalb weniger Monate die Schulden zurückzahlen können und wollen. Reines Gift hingegen bedeuten sie für alle, die darin ein Geschenk, nicht aber ein Geschäft der Bank sehen. Denn kurz ist der Wahn und lang währt die Reue! Wirkliche Freiheit besteht darin, zu einem ungefragt angebotenen Dispokredit Nein sagen zu können. Je früher der gefährdete Schuldner zu einem „break" bereit ist, also zu einem eindeutigen

Schlussstrich unter seine Leichtfertigkeit und unter die berechnende „Freundlichkeit" der Bank, umso größer die Chance auf ein Leben mit kontrolliertem Schuldenabbau. Der gute Freund als privater Treuhänder ist für die meisten unentbehrlich, da sie aus Scham oder Angst mit ihrer Bank nicht reden können. Diese Einsicht ist keineswegs entwürdigend, sondern hilfreich.

Der Zeitfaktor spielt eine entscheidende Rolle, weil Schulden schneller gemacht als zurückbezahlt sind. Und diesen Zeitfaktor zahlt der Schuldner teuer. Mit einigen, wenigen Monatsraten ist es nicht getan, vielmehr braucht es einen langen Atem zur Wiederherstellung von halbwegs erträglichen Verhältnissen. Ein kluges japanisches Sprichwort sagt: Wer 100 Kilometer laufen muss, sollte die Hälfte bei 90 ansetzen.

Banken mögen leicht unterschiedliche Zinsen haben oder auch verschieden hohe Kreditkosten. In einem jedoch sind sie immer gleich: Sie wollen bei größter Sicherheit ihre Ware Geld zu den höchsten Zinsen und Kosten verkaufen. Das ist ihr Geschäft, und darum sollten Sie sich niemals von Lockangeboten irritieren lassen. Bleiben Sie bei Ihrer Bank, auch wenn es wehtut! Jeder Wechsel kostet nur Geld und bringt kein Stück mehr Vertrauen zwischen Ihnen und Ihrem Banker.

Siebte Lektion

Versandhandel: (un)heimliche Kreditschulden

Die Frage, warum wir so gern bei den großen Versandhäusern einkaufen, wird meistens mit vorgeschobenen Gründen beantwortet. Es sei alles so billig, heißt es dann, obwohl dieses Argument aus einer Zeit stammt, als der teure Fach- und Einzelhandel noch blühte und vor Ort keine Konkurrenz von hochspezialisierten Warenhausketten zu fürchten hatte. Nehmen wir als Beispiel die längst verschwundenen Drogerien und die heute dominierenden Drogeriemärkte, die in fast jeder noch so kleinen Gemeinde existieren. Tatsächlich war im damaligen Einzelhandel das Warenangebot im Preis um ein Drittel höher kalkuliert wie auch im Bekleidungssektor. Das aber ist längst vorbei, und jeder kann sich bei einem Einkaufsbummel mit unschlagbar günstigen Waren eindecken. Hier stimmt sogar ausnahmsweise einmal der Werbeslogan einer Textilkette: *„Nur nackt ist billiger!“* Warum also immer noch die falsche Behauptung von den billigen Versandhäusern?
Ein zweites Argument wird auch häufig herangezogen: Man könne so wunderbar und in aller Ruhe die Preise vergleichen. Abgesehen

davon, dass dafür der Bezug und das Studium vieler Kataloge erforderlich wäre, stimmt die Behauptung auch nicht. Denn die Anbieter präsentieren ihre Waren so geschickt in unterschiedlichen Mengen, Qualitäten und Funktionen, dass sie eben nicht vergleichbar sind. Auf diesem Marketing-Trick basiert der Erfolg des Versandhandels. Wem aber tatsächlich an einem zuverlässigen Preisvergleich gelegen ist, fährt allemal erfolgreicher mit einem Rundgang durch große Einkaufszentren. Auch hier stellt sich die Frage nach dem Sinn solcher Schutzbehauptungen.

Die verdrängte Wahrheit über unsere Neigung, im Versandhandel zu kaufen, liegt viel tiefer und ist daher so gefährlich: Wir verschaffen uns ohne große Mühe einen Kredit! Denn um nichts anderes handelt es sich, wenn wir erst mit dreimonatiger „Zahlpause" zur Kasse gebeten werden oder gleich das Ratenangebot für viele lange Monate, mit Kreditpreisen von bis zu 15 Prozent annehmen. Hinzu kommt das süße Gift der Anonymität, da wir nicht persönlich vorstellig werden müssen – wie bei unserer Hausbank mit dem Risiko einer Kreditabsage. Wir haben es also mit einer Trennung des Erwerbsvorgangs von der unmittelbar folgenden Bezahlung zu tun, die uns so glücklich und leichtfertig macht. Ohne mit der Wimper zu zucken, lassen wir uns beispielsweise 36 Monate lang jeweils 100 Euro vom Girokonto abzwacken, würden aber niemals 3.600 Euro in bar hinblättern. Das tut nämlich weh. Spielbanken wissen das auch sehr genau und wechseln daher ihren Opfern vorher Bargeld in Spielgeld. Es ist verblüffend, aber wahr: Der Spieler sieht nur einen roten Plastikjeton, den er verspielt, nicht aber den 50-Euro-Geldschein, den er dafür bezahlt hat.

Diese psychologische Falle, die zu erkennen so schwerfällt, wird beim Kreditkauf im Versandhandel schnell zu einer Schuldenfalle. Beim Bestellen geht es tatsächlich nicht mehr um Notwendigkeiten, sondern um die Befriedigung der durch den Katalog geweckten Bedürfnisse. Was bedeutet das nun für unseren Umgang mit diesen (un)heimlichen Kreditschulden? Nichts Gutes, zumal wenn bei mehreren Versandhäusern auf Pump gekauft wurde. Fast unbemerkt ist nämlich eine zweite „Kreditfront" neben den Bankschulden entstanden, die aber genauso bedient werden muss – mit schmerzhaften monatlichen Abbuchungen. Auch wenn sich die Anschaffung im Nachhinein als unsinnig oder überteuert herausstellen sollte, auch wenn die Zinslast bei genauerem Nachrechnen reichlich hoch erscheint – es hilft alles nichts. Die Kreditverträge sind rechtmäßig zustande gekommen und müssen bezahlt werden. Und es sind gerade die Versandhäuser, die bei eintretenden Zahlungsrückständen sehr heftig reagieren: Sie verkaufen meist umgehend ihre Forderung an Inkassobüros, was zu einer extremen Verteuerung des ursprünglichen Kreditbetrags führt.

Sollte Ihre Kaufreue recht schnell eintreten, haben Sie wenigstens noch die Möglichkeit, vom Kauf zurückzutreten. Das sollten Sie innerhalb der gesetzlichen Fristen auch tatsächlich veranlassen und die entstehenden Kosten und Mühen lächelnd in Kauf nehmen. Dieser sehr bewusste Schritt wirkt zumeist positiv und nachhaltig auf Ihr künftiges Bestellverhalten, denn Sie gestehen sich ja mit der Rücksendung eine Niederlage ein – allerdings eine von Ihnen selbst gewollte Niederlage im Konsumkrieg. Und wenn Sie dann noch, zu Ihrer eigenen Sicherheit, schriftlich verlangen, dass Ihnen keine Kataloge mehr zugesandt werden dürfen, was rechtlich ohne weiteres möglich ist, dürfen Sie sich ein Glas Sekt gönnen. Sie haben gelernt, besser mit der Schuldenfalle zu leben! Sie haben sich mit dem Verzicht tatsächlich ein Stück Freiheit erkämpft! Denn schon längst bedeutet wahre Freiheit, sich dem Konsumrausch zu entziehen, nicht aber, ihm quasi willenlos nachzugeben. Das kann mühsamer werden, als sich das Rauchen abzugewöhnen, gewiss. Aber es zahlt sich aus.

Wenn nun allerdings die Wogen der Kreditraten über Ihnen zusammenzuschlagen drohen, können Sie eine zeitliche Aussetzung der Bezahlung versuchen. Das verschafft Ihnen zumindest für einige Monate Luft. Dieser Schritt ist allerdings nur dann sinnvoll, wenn Sie Ihren Bestellwahn unter Kontrolle gebracht haben, nicht aber, wenn Sie das mögliche Entgegenkommen des Versandhauses gleich zu neuen Bestellungen ausnutzen. Und es muss sichergestellt sein, dass Sie nach beispielsweise sechs Monaten Aussetzung auch tatsächlich zahlen können und wollen. Ohnehin ist es nicht ganz einfach, den richtigen Ton für ein entsprechendes Schreiben zu finden. Als Erfolg versprechend haben sich folgende Strategien erwiesen:

» Schreiben Sie unbedingt rechtzeitig, also bevor Sie eine Rate wegen aktueller Finanznot nicht mehr bezahlen können. Nur ein bisher unauffälliger Kunde wird noch ernst genommen.

» Richten Sie Ihr Schreiben unmittelbar an den Geschäftsführer, dessen Namen Sie jedem Katalog entnehmen können. Der wird Ihnen zwar nicht persönlich antworten, aber Sie haben die Gewähr, dass Ihr Brief nicht untergeht.

» Verwenden Sie einen weißen DIN-A-4-Umschlag, um Ihren Brief nicht falten zu müssen. Schreiben Sie Empfänger und Absender auf jeden Fall mit der Hand und verwenden Sie eine ausgewählt schöne Briefmarke. Lassen Sie den Brief bei der Post mit der Hand abstempeln, damit Ort und Datum gut sichtbar sind. So fallen Sie positiv unter Tausenden von Briefen auf – und das muss Ihr Ziel sein.

» Wiederholen Sie im eigentlichen Brief die Empfänger- und Absenderangaben, und vergessen Sie nicht Datum und Kundennummer. Wenn Sie den Brief ausdrucken, lassen Sie die Zeilen für Anrede und die Schlussformel frei. Die setzen Sie handschriftlich ein, was Ihrem Schreiben ein sehr persönliches Gesicht und auch Gewicht gibt.

» Vermeiden Sie sowohl unterwürfige als auch erpresserische Formulierungen, schildern Sie stattdessen konkret und aussagekräftig Ihre derzeitige Finanzmisere. Formulieren Sie dann höflich Ihre Bitte um eine zeitlich befristete Aussetzung der Monatsraten, beispielsweise um 6 Monate.

- Weisen Sie darauf hin, dass Sie danach selbstverständlich die Zahlungen wieder aufnehmen, ohne jede Aufforderung oder gar Mahnung.

- Setzen Sie Ihrem Gegenüber auf keinen Fall irgendwelche Fristen – das kommt in Ihrer Situation ganz schlecht an. Auch Belehrungen über die Rechtssituation sind schädlich.

Das richtige und erfolgreiche Schreiben solcher Briefe gehört zum „intelligenten Schuldenmanagement" zwingend dazu, nehmen Sie also die Hinweise sehr ernst. Denn viel mehr steht Ihnen im Augenblick auch nicht zur Verfügung, um der Schuldensituation gerecht zu werden. Und lassen Sie sich in dieser Situation nicht von „guten Freunden" oder dubiosen Geldverleihern eine Ablösung des Versandhauskredits einreden. Denn die entstehenden Kosten für einen neuen Kredit sind so hoch, dass sich nur ein extrem niedriger Zins lohnen könnte. Aber wer sollte Ihnen solch einen guten Zins einräumen und warum? Sie müssen schon aufrichtig bleiben: Sie selbst haben doch die hohen Zinsen bei Vertragsschluss akzeptiert, weil Sie nur auf diese Weise an einen neuen, zweiten Kredit herankommen konnten. Ganz realistisch hätte Ihnen nur geholfen, die gesamte Rechnung sofort zu bezahlen. Aber dann hätten Sie den neuen Flachbildfernseher auch gleich beim nächsten Media Markt gegen Cash kaufen können, wahrscheinlich sogar preiswerter. Wenn Sie gekonnt hätten ...!

Betrachten wir in aller Ruhe unser Verhalten gegenüber den Verlockungen der Versandhäuser *(„Jetzt kaufen – später zahlen!")*, stellt sich immer ein gewisser „Zeitfaktor" als entscheidend heraus.
Nehmen wir als Beispiel die Anschaffung eines neuen Sofas zum befristeten Sonderangebot von 600 Euro statt 690 Euro. Damit wird zum ersten Mal der Zeitfaktor ins Spiel gebracht, diesmal vom Versandhaus: Nur wer jetzt und sofort bestellt, kommt in den Genuss des Preisnachlasses. Und somit entsteht in unseren Köpfen eine aberwitzige Rechnung: Wenn wir jetzt nicht kaufen, büßen wir bare 90 Euro ein, ein Verlustgeschäft droht! Die tief

empfundene Befriedigung darüber, ein „Schnäppchen" zu machen, streichelt unseren Hang zur vermeintlichen „Sparsamkeit". Aber ganz abgesehen davon, dass der angebliche Normalpreis von 690 Euro ein nie durchsetzbarer und daher frei erfundener Preis ist, wird die gleiche Ware, nach einer kurzen Schamfrist, für reguläre 600 Euro angeboten, denn unser ach so exzellentes Preisgedächtnis ist kurz. Der „Zeitfaktor" wirkt jetzt! Wir bestellen! Natürlich auf Pump! Der Zinsfaktor von 15 Prozent wirkt aber auch, und bei 12 Monatsraten zahlen wir brav 690 Euro. Unsere schöngerechnete Ersparnis beträgt null Euro!

Der zweite „Zeitfaktor", dem wir auf unsrem Weg in die Schuldenfalle ausgeliefert zu sein scheinen, ist hausgemacht und noch viel gefährlicher. Er stellt unser Konsumverhalten unter die Überschrift: Wir wollen alles – und das jetzt! Der Wert einer Anschaffung liegt nicht mehr in Notwendigkeit oder Qualität begründet, sondern ausschließlich in der sofortigen Verfügbarkeit: Jetzt haben! Diese spontane Bedürfnisbefriedigung, die wir unseren Kindern mühsam aberziehen, löst lang vermisste Glücksgefühle aus, ohne ein solches Glücksversprechen tatsächlich einlösen zu können, und führt daher beinahe zwangsläufig zum nächsten Kauf auf Kredit. Das angeblich witzige Motto dabei: „Wir leben weit über unsere Verhältnisse, aber noch lange nicht standesgemäß" überdeckt nur sehr kurzfristig unseren Weg in die langfristige Schuldenfalle – und der ist alles andere als lustig.

Und auch der dritte „Zeitfaktor" bringt uns in verteufelte Bedrängnis, wenn auch erst langfristig. Schuld daran sind die angebotenen langen Kreditlaufzeiten von 60 Monaten und mehr sowie unser stark verkürzter Blick auf die Abbuchungen des nächsten Monats. Die letzten Zweifel über die Anschaffung eines Flachbild-TV für 1.200 Euro sind damit wie weggeblasen: Der ganze Spaß kostet ja nur 20 Euro und ein bisschen Zinsen, hurra! Wenn das kein Grund zum Feiern und für die nächste Bestellung ist! So verrückt das auch klingen mag, dieser wunderbare Selbstbetrug ist längst schon Alltag. Wer will in dieser konkreten Situation des 20-Euro-Glücks schon wissen, dass die Zinslast den Kaufpreis in den kommenden fünf Jahren um rund 50 Prozent verteuert? Der neue Fernseher, obwohl eigentlich nicht erforderlich, wurde uns doch fast geschenkt, oder? Wir hatten zwar kein Geld, haben uns aber für 600 Euro Zinsen das Gefühl gekauft, es zu besitzen. Jede andere Form der Finanzierung, beispielsweise auf sechs Monate, hätte uns mit Raten von deutlich über 200 Euro in schmerzhafte Bedrängnis gebracht, wohl auch zum Nachdenken. Da wir aber nicht schmerz-, sondern konsumverliebt sind, haben wir auf die schnelle Tilgung verzichtet und uns weiteren Kreditspielraum verschafft. Möglich wurde diese weitere teure Verschuldung durch den Zeitfaktor. Und den schenken uns die Versandhäuser gern, liebend gern sogar.

Ein intelligentes Schuldenmanagement in Sachen „Kauf auf Pump" kommt nie zu spät, auch wenn es natürlich deutlich preiswerter gewesen wäre, sehr frühzeitig zu reagieren. Aber jetzt haben Sie das psychologische Grundwissen zur Hand, die drei dramatischen Folgen des Zeitfaktors zu verstehen und sich besser zu schützen. Betrachten Sie die verausgabten Zinskosten für Ihre Bestellungen als Strafgebühren für Nichtwissen – damit können Sie leben. Womit Sie aber künftig nicht mehr leben sollten: mit einer Vergrößerung Ihres Schuldenbergs beim Versandhandel. Der Versuchung nachzugeben, gewissermaßen eine zweite Kreditfront zu nutzen, ist menschlich nur allzu verständlich – dieser Versuchung zu widerstehen, ist das geglückte Ergebnis eines schmerzhaften Lernprozesses.

Achte Lektion

Böse Geschäfte mit der Armut: Die Schuldenregulierer und Kreditvermittler

Ertrinkende greifen bekanntlich zu jedem Strohhalm. Übertragen auf Ihre Situation als Verschuldeter oder Überschuldeter heißt das: Sie sind hochgradig gefährdet, auf verlockende Angebote von Schuldenregulierern und Kreditvermittlern einzugehen und verlassen sich auf das Eintreten eines Wunders. Aber schon Goethe wusste: *„Das Wunder ist des Glaubens liebstes Kind"*. Und im Umgang mit solchen „Helfern" wird viel geglaubt und nichts gewusst.

Die heute schon dramatische Situation, in der Milliarden von Euro für nichts und wieder nichts abgezockt werden, wird sich in naher Zukunft noch verschärfen. Denn die Anzahl von verzweifelten Schuldnern in Not erhöht sich beständig.

Gleichzeitig bleibt die Zahl der seriösen Schuldnerberater von Caritas, Diakonie, Städten und Gemeinden konstant oder wird aus Kostengründen abgebaut. So warnt denn auch die Verbraucherzentrale, dass sich kurzfristige Sparmaßnahmen längerfristig als sehr teuer erweisen werden. Der Zeitpunkt sei nicht mehr fern, an dem

jedem seriösen und amtlich zugelassenen Schuldnerberater ein Kredithai gegenüberstehen wird. Und deren Methoden werden immer raffinierter. Der Erfolg dieser bösen Geschäfte mit der Armut liegt in Ihrer Psychologie als Schuldner begründet.
Das ist beileibe keine Schuldzuweisung, sondern eine eher wohlmeinende Erklärung. Wer möchte es einer alleinerziehenden und, wenn überhaupt, schlecht bezahlten Frau und Mutter verdenken, zum Wohle Ihres Kindes einen Kredit aufzunehmen, um dann langsam und unbemerkt in eine teuflische Schuldenfalle zu rutschen? Wer würde mit dem Finger auf einen arbeitslos gewordenen Familienvater zeigen, der aus Verantwortungsgefühl für seine Lieben Schulden macht, die er bald nicht mehr überblicken kann? Wer wirft den ersten Stein auf jemanden, der sich von den Verlockungen der Konsumwelt und deren scheinbar so einfacher Finanzierung hat verführen lassen? Diese Menschen haben eines gemeinsam: Die Einsamkeit und die Verbitterung am Ende einer freudlosen Schuldenkarriere, die einst so harmlos begann. Und nun gehören Sie auch dazu.
Aus Ihren vermeintlichen Freunden bei der Kreditgewährung sind längst Feinde geworden, Unkenntnis von Rechtsvorschriften hat Sie von einer Falle zur nächsten stolpern lassen, Schamgefühle und Minderwertigkeitskomplexe haben Sie zum Verstummen gebracht. Am gesellschaftlichen Leben nehmen Sie kaum noch teil, was angesichts Ihrer Finanzen auch kaum möglich ist, und Ihre Beziehung ist wahrscheinlich in die Brüche gegangen. Kurzum: Sie haben Ihre Würde und Selbstachtung verloren, der erniedrigende Kampf als Schuldner hat Sie zermürbt.
Wenn Sie an diesem Punkt angelangt sind, ist der Griff zum Strohhalm verständlich. Und dieser Strohhalm hat einen Namen: Kreditvermittler. Oder Schuldenregulierer. Oder Finanzierungsbüro. Und diese Leute nutzen gezielt Ihren desolaten Gefühlszustand aus, den wir Ihnen soeben vor Augen geführt haben. Betrachten wir einmal die psychologisch raffinierten Anzeigentexte, mit denen Sie beeindruckt werden sollen.

„Geld zur freien Verfügung! Sofortige Auszahlung! Ohne Schufa-Auskunft! Arbeitslosigkeit kein Problem! Kredit bis 100.000 Euro,

auch wenn andere abgelehnt haben! Altschulden sind problemlos! Schnelle Bearbeitung! Jetzt telefonisch einen Kreditantrag bestellen!

Dies ist nur eine kleine Auswahl von unzähligen Anzeigen dieser Art, die aber alle eines gemeinsam haben: Sie treffen genau ins Herz des Schuldners! Endlich werden Sie von jemanden angesprochen, der Ihre Probleme kennt, endlich werden Sie in Ihrer Verzweiflung ernst genommen, endlich naht die Rettung!
Wenn Sie darauf reagieren, ist der erste Schritt in die Richtung des erhofften Wunders getan: Die Texte zielten erfolgreich auf Ihr verwundetes Herz, nicht aber auf Ihren Kopf. Hoffnung schlägt Vernunft, Glaube ersetzt das Denken, Wunder gibt es immer wieder. Da ist es mehr als verständlich, wenn Sie sich auf den ersten Kontakt mit Ihrem „Helfer" freuen, bereitwillig dem Besuch eines Beauftragten zustimmen oder einen Kreditantrag bestellen, für den eine Bearbeitungsgebühr von 80 Euro per Nachnahme erhoben wird. Sie wurden erfolgreich heiß gemacht oder „angefüttert", wie es im Jargon dieser Branche heißt.

Zunehmend werden Sie aber auch von längeren Texten geködert, die Sie wie einen Fisch an den Haken nehmen. Da heißt es dann: „Wir bieten für den redlichen Schuldner die Möglichkeit, sich von seinen Schulden zu befreien. Wir helfen dem redlichen Schuldner, wieder unbelastet neu starten zu können. Keine Rechtsberatung. Beginnen Sie jetzt mit Ihrem Weg aus der Schuldenfalle." Allein der Begriff „redlicher Schuldner" trifft Sie positiv an einem empfindlichen Punkt, er wirkt wie die Vergebung der Sünden. Denn natürlich wollen Sie als „redlich" anerkannt bleiben oder es wieder werden, als geachtetes und zuverlässiges Mitglied der Gesellschaft. Je tiefer Sie in der Krise stecken, eben auch in der Krise Ihrer angeschlagenen Selbstachtung, um so schwerer werden Sie solchen Umgarnungen widerstehen können. Und schon wieder darf sich ein Kredithai über Ihren Anruf freuen …

Tun wir mal für einen Augenblick so, als ob Ihnen tatsächlich ein Kredit gewährt wird. Dieser Fall wird zwar mit einiger Sicherheit nicht

eintreten, da Ihre „hilfreichen Engel" nur mit den Begleitumständen der angeblichen Kreditvermittlung Geld verdienen wollen, wie wir später zeigen werden. Aber Sie gehen ja in Ihrer derzeitigen Situation davon aus, dass ein möglichst hoher Kredit zustande kommt. Dafür würden Ihnen Zinsen abverlangt, die knapp unter dem Wucherzins-Paragrafen liegen, also um die 20 Prozent. In unserem Gedankenspiel unterstellen wir einmal eine Kreditsumme von 20.000 Euro, was eine Zinsbelastung von 4.000 Euro im ersten Jahr bedeutet. Sie wollen also monatlich 330 Euro Zinsen aufbringen, von der Tilgung ganz zu schweigen?
Wenn Sie tatsächlich über diesen Betrag verfügen würden, wäre es da nicht sinnvoller, damit alte Schulden zu bezahlen? Spätestens an diesem Punkt wird das Geldspiel wahnwitzig, denn Sie bezahlen alte Schulden mit erheblich teureren neuen Schulden. Es ist menschlich verständlich, dass Sie nur das frische Geld im Sinn haben und über diesen lang ersehnten Augenblick der Verfügbarkeit hinaus nichts hören wollen, aber richtig wird Ihre Entscheidung dadurch nicht. Das genau ist das Kennzeichen Ihrer gegenwärtigen Verfassung: Geldbeschaffung um jeden Preis. Und genau an dieser Einstellung verdienen die berechnenden Schuldenregulierer und Kreditvermittler kräftig, nicht aber an einem überaus risikoreichen Kredit.

Jetzt endlich steht er also vor Ihrer Tür, der Außendienstmitarbeiter des Kredithais. Einige Tage zuvor haben Sie schon anstandslos 80 Euro Nachnahmegebühr für den Kreditantrag gezahlt, brav ausgefüllt und umgehend zurückgeschickt.
Eigentlich erwarten Sie nun die Auszahlung des Betrages, sehen das gebündelte Bare schon auf Ihrem Tisch liegen. Stattdessen erklärt Ihr Besucher, dass der Kredit bereits so gut wie genehmigt sei, allerdings müssten noch einige Punkte geklärt werden. Die Unterschrift unter eine völlig harmlos scheinende Vereinbarung, wonach Sie die erforderlichen „Auslagen" der Vermittlung zu bezahlen haben, wird als erstes erbeten, danach geht es Schlag auf Schlag weiter. Die kreditgebende Bank brauche noch einige Sicherheiten bei einem etwaigen Unfall oder Tod, und ein Bausparvertrag würde Ihre Bonität erhöhen. Ein „Expressaufschlag" von bescheidenen 100

Euro würde die Auszahlung dann beschleunigen. Und dann geht er, der freundliche Kreditvermittler, und hinterlässt Ihnen eine Servicenummer, unter der Sie jederzeit den Stand der Dinge erfragen könnten. Im Hoffnungsrausch der ja unmittelbar bevorstehenden Kreditauszahlung haben Sie zwar einige Verträge unterzeichnet, deren Kosten Ihnen aber unerheblich und vertretbar erscheinen. Aber außer diesen Kosten, die Sie sich eigentlich nicht leisten können, haben Sie buchstäblich nichts in der Hand – kein Geld und keinen Kreditvertrag.
Ihr freundlicher Besucher aber hat annähernd 1.000 Euro verdient: Mindestens 500 Euro Provisionen aus drei Versicherungsverträgen, rund 300 Euro „Auslagenerstattung" für Fahrtkosten, Schreibgebühren und Fachberatung, knapp 200 Euro für Expressbearbeitung sowie Nachnahmegebühr. Und bei jedem Anruf von Ihnen unter der sündhaft teuren Servicenummer verdient er pro Minute auch noch 1 Euro. Damit ist das trübe Spiel aber noch lange nicht beendet, denn Sie haben sich als ergiebiges Opfer erwiesen, aus dem noch einiges herauszuholen ist.

Von einem fernen Stern aus betrachtet, käme Ihnen vielleicht Ihr Verhalten zumindest merkwürdig oder leichtfertig vor. In Ihrer konkreten Situation hingegen fühlen Sie sich in Ihren Erwartungen sogar noch bestärkt, denn schließlich haben Sie dafür ja auch genug bezahlt. Die nahe liegende Idee, dass die entstandenen Beträge vom Kreditbetrag abgezogen werden könnten, verdrängen Sie erfolgreich und bezahlen. Damit ist der zweite Schritt in der Ausnutzung Ihres Wunderglaubens erfolgreich abgeschlossen. Ihr Verhalten ist keineswegs ungewöhnlich oder selten, wie die Vielzahl der Fälle mit der insgesamt erschreckend hohen Schadenssumme beweist. Der Dreh- und Angelpunkt an der ganzen Entwicklung ist und bleibt, dass Sie an das Wunder glauben, was die typische Folge Ihrer vielen Enttäuschungen, Erniedrigungen und Einsamkeit ist. Motto: Die Hoffnung stirbt zuletzt.

Verbraucherschützer, Schuldnerberater und die Justiz zerbrechen sich seit langem den Kopf darüber, wie Schuldner mit härteren Vorschriften vor solchen „Helfern" geschützt werden können. Aber mit unglaublicher Fantasie überspielen die Kreditvermittler alle Gesetzesverschärfungen oder betreiben ihre Geschäfte von benachbarten Staaten aus, unerreichbar für alle Verfolger. Aber selbst die besten Gesetze werden das Problem nicht lösen, denn das Problem sind Sie. Sie und all die vielen anderen verunsicherten Schuldner, die an den Rand der Gesellschaft gedrängt wurden. Und zwar von der gleichen Gesellschaft, die Sie anfangs zu leichtfertigen Krediten verführt hat, aber danach keine Verantwortung für die Opfer übernehmen will. Aber der Schlüssel für intelligentes Schuldenmanagement liegt immer bei Ihnen, Sie können die Verantwortung dafür nicht abwälzen. Wohl aber können Sie frühzeitig Hilfe für sich selbst organisieren, sei es bei einem Sozialarbeiter, einem Therapeuten oder einem Schuldnerberater.

Sie müssen das Geflecht aus Scham, einsamen Entscheidungen und Sprachlosigkeit überwinden, um Ihre Opferrolle endgültig abzuschütteln. Schuldenkarrieren können gestoppt werden, wenn Sie es wollen. Und es ist gewiss äußerst schmerzlich, wenn Sie sich dabei auch von Ihrem Wunderglauben verabschieden. Aber dann hätten wenigstens diese Kredithaie keine Chance mehr bei Ihnen.

Neunte Lektion

Privates Insolvenzverfahren: Kompliziert, aber sinnvoll

Der Begriff *Insolvenz* meint schlicht: Zahlungsunfähigkeit. Und Zahlungsunfähigkeit ist die Voraussetzung, wenn von „privaten Insolvenzverfahren" die Rede ist. Besser wäre der Begriff *Entschuldungsverfahren*, geht es doch um die endgültige, gerichtliche Befreiung eines Schuldners von allen aufgelaufenen Verbindlichkeiten, auch wenn er tatsächlich nur einen Bruchteil bezahlen kann. Das Gesetz trat am 1. Januar 1999 in Kraft, doch die Zahl der geschätzten Anträge blieb weit hinter den Erwartungen zurück. So wurden in den ersten fünf Jahren nur rund 150 000 Anträge auf Restschuldbefreiung gestellt, was im wesentlichen auf zwei Gründe zurückzuführen war:

Es gab eine erhebliche Rechtsunsicherheit, ob die hohen Verfahrenskosten zwischen 1.500 Euro und 5.000 Euro gestundet werden konnten oder nicht, zum zweiten wurde das Gesetz von der Bevölkerung wegen seines komplizierten Ablaufs nicht angenommen. Mit großer zeitlicher Verzögerung wurde die Möglichkeit der Stundung, die ab 2001 vorgesehen wurde, bei den betroffenen Schuldnern bekannt. Seither wächst die Zahl der Anträge: Knapp 100.000 waren es im Jahr 2006 und seither liegen die Zuwachszahlen bei rund zehn Prozent jährlich. Ob es bei dieser Entwicklung auch im Jahr 2008 bleiben wird, hängt davon ab, ob die Stundung der Verfahrenskosten weiterhin gewährt oder abgeschafft wird. Trotz einiger Vorstöße in diese Richtung, die vor allem mit der Überlastung der Gerichte begründet werden, steht eine Entscheidung noch aus. Daher gehen wir in den folgenden Erläuterungen von der Stundungsmöglichkeit aus.

Das Ende eines Leidenswegs ist in Sicht

Denn das Nutzen der Restschuldbefreiung ist und bleibt die bestmögliche Entscheidung für alle Schuldner, unter einen langen Leidensweg einen gesetzlichen Schlussstrich zu ziehen. Dazu ist es nicht erforderlich, den Gläubigern sofort einen Regulierungsbetrag zur Verfügung zu stellen. Rund 90 Prozent (!) aller Anträge werden als sogenannte Nullplanverfahren eröffnet, wenn der Schuldner weder über Vermögen noch nennenswerte Einkünfte verfügt. Daher lohnt es jede Mühe, sich Schritt für Schritt mit diesem staatlichen Hilfsangebot vertraut zu machen. Lassen Sie sich von komplizierten Rechtsvorschriften nicht schrecken und erst recht nicht von Ihrer möglichen Befürchtung, als Teilnehmer eines Insolvenzverfahrens öffentlich geächtet zu werden. Denn wenn es in der Wirtschaft zu einem Konkurs kommt, wird auch niemand die handelnden Personen eines Unternehmens brandmarken, nur weil Zahlungsunfähigkeit festgestellt wurde und das Restvermögen unter gerichtlicher Aufsicht an die Gläubiger verteilt wird.
Um nichts anderes handelt es sich bei Ihrem Vorgehen, eine Restschuldbefreiung durchzusetzen, die Sie von Anfang an mit einem amtlich zugelassenen und berechtigten Schuldnerberater aus den Kreisen der Caritas, Diakonie oder der Städte, Gemeinden und Landkreise betreiben müssen.

Bereits vor Beginn des eigentlichen Verfahrens müssen Sie eine große Hürde überspringen. Es wird von Ihnen der Nachweis verlangt, dass Sie eine Einigung mit allen Gläubigern versucht haben, deren voraussichtliches Scheitern von Ihrem Schuldnerberater bestätigt werden muss, damit dann erst das eigentliche Verfahren rechtswirksam eingeleitet werden kann. Für diesen Einigungsversuch reicht es nicht, einige Telefonate zu führen oder kurze Formschreiben zu versenden. Am besten legen Sie Ihren Gläubigern all jene Unterlagen vor, die Sie auch später dem Gericht als Grundlage für dessen Entscheidungen präsentieren werden. Sie müssen versichern, dass alle Angaben wahrheitsgetreu sind. Folgende Unterlagen werden erwartet, zusammen mit dem ausdrücklichen Hinweis auf Ihr geplantes Insolvenzverfahren:

» Ein ausführliches und lückenloses Verzeichnis Ihres Vermögens. Daraus müssen alle Einkommen ersichtlich sein, die Sie erzielen, also von Arbeitsentgelt über ALG I, Hartz IV und Renten bis hin zu Wohngeld, Unterhalt, Nebenjobs oder Mieteinnahmen. Ebenso ausführlich müssen Sie Ihr sonstiges Vermögen in Form von Immobilien, Schmuck, kostbaren Sammlungen, Versicherungen oder sonstigen Wertgegenständen darlegen. Dazu gehört auch das Benennen von offenen Forderungen, die Sie an Dritte haben.

» Eine umfassende Aufstellung aller Ihrer Gläubiger. Wichtig ist dabei das genaue Beziffern der erhobenen Forderungen inklusive aller Zinsen und Gebühren nach dem letzten Stand.

» Ein genauer Ausblick auf Ihre zukünftigen Bemühungen, die Schulden, wenn auch nur teilweise, zu bezahlen. Dem Gläubiger muss ersichtlich sein, auf welchen Teil seiner Forderungen er verzichten soll.

Der Einigungsversuch kann sich lohnen

Was so kompliziert klingt, ist es in Wahrheit jedoch nicht. Denn fast alle Schuldner verfügen buchstäblich über kein Vermögen mehr und können daher den Gläubigern, wenn überhaupt, nur eine sehr kleine

Tilgung in Aussicht stellen. Die meisten Angaben werden mit jenen identisch sein, die Sie bereits bei der Abgabe der eidesstattlichen Versicherung gemacht haben. Und Ihre Gläubiger sind Ihnen nur zu gut bekannt, unter Umständen kann die Abgleichung mit einer Selbstauskunft von der Schufa nützlich sein. Die genaue Höhe der aktuellen Forderung müssen Sie allerdings schriftlich bei Ihren Gläubigern in Erfahrung bringen, verbunden mit der Aufforderung, dem Schuldenbereinigungsplan zuzustimmen oder ihn abzulehnen. Es ist dann auf jeden Fall lohnend, die Forderungen auf richtige Höhe und auf die dreijährige Verjährungsfrist zu prüfen. Übertragen Sie dann die eingehenden Informationen in Ihr Gläubigerverzeichnis, aus dem auch hervorgehen sollte, ob rechtskräftige Titel vorliegen und ob die Forderung verkauft ist.

Sollte der unwahrscheinliche Fall eintreten, dass sämtliche Gläubiger Ihrem außergerichtlichen Einigungsversuch einschließlich Tilgungsplan zustimmen, brauchen Sie das Insolvenzgericht nicht mehr zu bemühen. Lehnt hingegen auch nur ein einziger Gläubiger ab, sind die Verhandlungen gescheitert, und Sie müssen innerhalb von sechs Monaten den Antrag auf private Insolvenz beim zuständigen Insolvenzgericht stellen.
Damit wird die Frage nach einer möglichen Stundung der Verfahrenskosten dringlich, die Sie mit Eröffnung des eigentlichen Verfahrens beantragen müssen. Erlassen werden Ihnen damit die Kosten nicht, aber die Frage der Bezahlung stellt sich erst viel später und ist dann von Ihrem Einkommen abhängig. Das Gericht muss also Ihre Bedürftigkeit feststellen, die immer dann gegeben ist, wenn Vermögen und Einkommen nicht zur Deckung der Verfahrenskosten ausreichen. Stundung wird auch nur dann gewährt, wenn keine Straftaten wegen betrügerischen Bankrotts vorliegen, in den vergangenen zehn Jahren kein Scheitern einer Restschuldbefreiung vorliegt oder der Schuldner gegen seine sogenannten „Obliegenheitspflichten" verstößt.

Hinter diesem Wortungetüm verbergen sich konkrete Forderungen des Gerichts, die Sie kennen sollten. Zunächst sind Sie verpflichtet, eine angemessene Erwerbstätigkeit auszuüben. Das heißt, sie dürfen

nicht vorsätzlich unter Wert arbeiten. Sind Sie arbeitslos, müssen Sie ihre beständigen Anstrengungen beweisen, zu einem Job zu kommen, und dürfen keine zumutbare Tätigkeit ablehnen. Sollten Sie erben, müssen Sie die Hälfte des Wertes an das Gericht abtreten. Alle Jobwechsel sowie Änderungen des Wohnsitzes sind unverzüglich mitzuteilen, ebenso eine Gehaltserhöhung.
Diese strengen Obliegenheitspflichten, die während des gesamten Insolvenzverfahrens für Sie gelten, sollen einen Missbrauch der zumeist großzügig gewährten Stundung verhindern. Diese Auflagen gelten auch nach der erfolgreichen Restschuldbefreiung, wenn der Schuldner innerhalb von höchstens vier Jahren ratenweise die Verfahrenskosten zahlt.

Fristversäumnis hat böse Folgen

Der eigentliche Eröffnungsantrag ist außerordentlich umfangreich und darf nur mithilfe bestimmter Formulare gestellt werden. Die strenge Prüfung durch das Gericht führt nicht selten zu einer angeordneten Nachbesserung innerhalb knapper Fristen. Wird dieser Pflicht nicht nachgekommen oder werden Fristen missachtet, ist das Verfahren geplatzt und Sie können Ihre Restschuldbefreiung vergessen. Um das zu verhindern, weil das Gericht natürlich die Rechtsunsicherheit von Schuldnern kennt, dürfen Sie mit Ihrem Schuldnerberater gemeinsam auftreten. Wenn die Einzelumstände sehr verworren sind, kann das Gericht zu Ihren Gunsten zusätzlich einen Rechtsanwalt beiordnen, dessen Kosten Ihnen zunächst auch gestundet werden. Was das Gericht im Einzelnen von Ihnen fordert, um dem Eröffnungsantrag stattzugeben, ist genau vorgeschrieben und wird im Folgenden erläutert.

Scheitern des Einigungsversuchs

Hier ist dem Gericht vor allem daran gelegen, dass das Scheitern Ihres umfassenden, außergerichtlichen Einigungsversuchs lückenlos dokumentiert ist und von einer Person bestätigt wurde, die nach § 305 der Insolvenzordnung dazu berechtigt ist. Zu diesem Kreis gehört in jedem Fall Ihr amtlich zugelassener Schuldnerberater. Diese Bestätigung ist auch dann zwingend erforderlich, wenn alle Gläubiger Ihren Einigungsversuch abgelehnt haben. Sollte sich ein Gläubiger Ihren Anstrengungen verweigern, indem er beispielsweise nicht antwortet, geht das zwar nicht zu Ihren Lasten, muss aber auch dokumentiert werden, ebenso wie eine während der Verhandlungen erfolgte Zwangsvollstreckungsmaßnahme, die aus sich heraus zum Scheitern des Einigungsversuchs führt. Daher ist es unerlässlich, von Anfang an Kopien anzulegen und den Briefverkehr per Einschreiben zu führen.

Das Vermögensverzeichnis

Hier lauert eine böse Falle: Wenn irgendwelche Vermögenswerte oder Einkommen falsch angegeben oder gar vorsätzlich verschwiegen werden, wird das komplette Verfahren sofort eingestellt. Das ist nachvollziehbar, weil das Gericht mit diesen Angaben gegenüber den Gläubigern arbeitet, die zu Recht nicht betrogen werden wollen. Und es reicht auch nicht aus, pauschal einen Wertgegenstand zu benennen, alles muss grundsätzlich belegt werden. Also mit Leistungsbescheiden, Gehaltsbescheinigungen, Rentenbescheinigungen, Sparbüchern, Grundbuchauszügen, Fahrzeugbriefen, Versicherungsverträgen, Wertgutachten von Sachverständigen, Testamenten. Sie müssen sicherstellen, dass Ihr Vermögensverzeichnis vollständig der Wahrheit entspricht und durch die beigefügten Belege und Dokumente nachprüfbar belegt ist.

Das aktuelle Gläubigerverzeichnis

Das Gericht legt auch hier strenge Maßstäbe an, um sich einen umfassenden Eindruck zu verschaffen und lästige Verzögerungen im Verfahren auszuschließen. Das liegt auch in Ihrem Interesse und daher kann das Verzeichnis nicht umfangreich genug ein, einschließlich der vorangegangenen Briefwechsel mit den Gläubigern. Erwartet werden neben den genauen Namen und Anschriften der Gläubiger auch die nach Hauptschuld und Zinsen untergliederten Forderungen, Belege über mögliche Abtretungen, bestehende Rechtstitel und denkbare Forderungsverkäufe an Dritte sowie eine Auflistung aller Einzelschulden mit ihrem Verhältnis zur Gesamtschuld. Jetzt ist auch die letzte Gelegenheit gegeben, falschen oder überzogenen Kosten und Gebühren zu widersprechen, was dann gerichtlich überprüft wird. Die Vollständigkeit des Verzeichnisses liegt auch in Ihrem Interesse: Vergessen Sie einen Gläubiger, der somit nicht in das Verfahren aufgenommen wird, kann dieser weiterhin gegen Sie vollstrecken.

Erklärung über Richtigkeit

Sie müssen dem Gericht schriftlich versichern, dass alle Ihre Vermögensangaben lückenlos und wahrheitsgemäß sind. Die Insolvenzrichter lassen in diesem Punkt nicht mit sich spaßen und reagieren auf Lügen mit der Beendigung des Verfahrens und Strafverfolgung.

Der Zahlungsplan

Das Gericht will von Ihnen wissen, welchen Anteil der Schulden Sie bezahlen wollen und können (Tilgungsquote), in welcher Höhe die Raten liegen und wie der zeitliche Verlauf aussieht. Da Sie das für jeden Gläubiger einzeln erklären müssen, wird der Plan gewiss nicht nur aus einer Seite bestehen können. Grundlage für Tilgung ist der pfändbare Teil Ihres Einkommens sowie die Verwertung von Vermögensgegenständen. Zur Abwicklung ernennt das Gericht einen Treuhänder. Bei besonderen Belastungen, die Sie nachweisen müssen, kann die Pfändungsfreigrenze heraufgesetzt werden, so dass Ihnen mehr zum Leben bleibt.

Antrag auf Restschuldbefreiung

Der wesentliche Punkt dieses Antrags ist Ihre unwiderrufliche Abtretung aller pfändbaren Anteile an Ihrem Einkommen, und zwar für die Dauer von sechs Jahren. Diese Abtretung erfolgt zugunsten eines gerichtlich eingesetzten Treuhänders. Sollten Sie bereits Abtretungen an Gläubiger geleistet haben, müssen Sie dies dem Gericht dokumentieren. Unter Umständen waren sie unzulässig und können nun aufgehoben werden. Die Einsetzung eines Treuhänders, der für lange Zeit über Ihr Geld bestimmt, erscheint vielleicht als hart. Aber das Gericht will sichergehen, dass die vereinbarten Zahlungen auch tatsächlich geleistet werden. Sie müssen sich den damit verbundenen Vorwurf gefallen lassen, dass Ihre bisherige Zahlungsmoral als unzuverlässig angesehen wird.

Das Ende Ihrer Fluchten ist gekommen

Soviel zum Eröffnungsantrag, denn das eigentliche Verfahren kann erst nach Prüfung sowie Bezahlung bzw. Stundung der Verfahrenskosten beginnen. Vorher aber wollen wir untersuchen, an welcher Stelle Ihrer Schuldenkarriere Sie jetzt stehen und wie das Antragsverfahren zu bewerten ist. Zweifellos befinden Sie sich jetzt in einer kritischen Phase, da Ihnen vermutlich erstmals das gesamte Ausmaß Ihrer Überschuldung bewusst wurde. Denn kennzeichnend für Schuldnerverhalten ist immer das Verharmlosen, das Wegschauen, das Verdrängen. Damit aber ist spätestens mit dem Ausfüllen der Anträge für das private Insolvenzverfahren endgültig Schluss – es gibt kein Mauseloch mehr, in das Sie sich verkriechen könnten. Diese Erkenntnis kann Sie dermaßen erschüttern, dass Sie am liebsten das ganze Verfahren abbrechen wollen. Zumal Ihnen vor Augen steht, dass Sie für eine lange Zeit unwiderruflich mit einem kleinen Einkommen leben müssen.

Vergleichen wir einmal die kommenden mit den vergangenen Jahren. Sicherlich ist es jetzt mehr als unangenehm für Sie, Ihren gesamten privaten Lebensbereich gewissermaßen öffentlich zu machen und auch noch für den sprichwörtlich letzten Hosenknopf Rechenschaft abzulegen. Denn es sind viele fremde Verfahrensbeteiligte, die Ihnen jetzt in die Karten schauen können, die Sie intuitiv immer verdeckt gehalten haben. Immer nur wenige kannten jeweils nur einen Teil Ihrer desolaten Finanzsituation, doch nie kannten alle Gläubiger alles. Diesen Umstand haben Sie sich, zumindest bei ehrlicher Rückschau, auch durchaus zunutze gemacht, wodurch Sie Zeit gewonnen haben und neue Finanzquellen erschließen konnten. Dennoch bedeutet die Ihnen jetzt abverlangte Totaloffenbarung einen grausamen Schnitt in Ihre bisherige Lebensführung. Und es bleibt ja nicht bei dem einmaligen Bekennen, da Sie für sechs Jahre quasi unter Kontrolle stehen. Der Treuhänder und das Insolvenzgericht werden Ihnen wie lästige Aufseher in einem Gefängnis erscheinen, aus dem Sie nicht ausbrechen können. Und erst in sehr weiter Ferne winkt Ihnen die Restschuldbefreiung als Belohnung.

Ihre Unfreiheit hat endlich ein Ende

All Ihr Aufbegehren ist menschlich verständlich, da die Umstände nicht sonderlich motivierend wirken. Aber, und jetzt kommt das große Aber, tatsächlich können Sie sich zu Ihrem Entschluss nur beglückwünschen! Denn trotz aller Skrupel und innerer Widerstände haben Sie den wichtigsten und besten Schritt Ihres Lebens getan. Nach Ablauf einer genau beschreibbaren Frist sind Sie schuldenfrei – mit Brief und Siegel des Gerichts!

Wenn Sie sich dennoch mutlos fühlen und am liebsten alles hinwerfen würden, zögern Sie nicht, therapeutische Hilfe in Anspruch zu nehmen. Es steht zu viel auf dem Spiel, als dass Sie ein Scheitern in letzter Minute riskieren sollten. Ein Blick auf die vergangenen Jahre kann durchaus auch zu Ihrem Durchhaltewillen beitragen. Denn bereits in Ihrer ersten Kreditaufnahme steckte ein Stück Erniedrigung, das Sie damals allerdings nicht bemerkt haben. Und das schnell einsetzende Jonglieren an verschiedenen Kreditfronten hat Sie vermutlich mehr belastet, als Sie sich eingestehen wollten. Die ersten

Mahnbescheide und der Besuch des Gerichtsvollziehers haben Sie innerlich enorm bedrückt, gerade wegen Ihrer erfolgreichen Verdrängung. Pfändungen und drohender Wohnungsverlust taten ein Übriges – bis zum resignierten Zusammenbruch. Wenn Sie sich diese Zeiten noch einmal selbstkritisch vor Augen führen, können Sie eine Fortsetzung dieser Unfreiheit nicht wirklich wollen. Wirkliche Freiheit meint die Freiheit, das Notwendige tun zu können. Und in diesem Zustand befanden Sie sich zuvor nicht, aus welchen Gründen auch immer. Aber jetzt, und diese Chance müssen Sie nutzen.

Wenden wir uns wieder dem Fortgang Ihres privaten Insolvenzverfahrens zu, das jetzt erst richtig mit einem gerichtlichen Einigungsversuch beginnt. Das Gericht übersendet an alle Gläubiger den sogenannten Schuldenbereinigungsplan mit der Aufforderung, innerhalb der knappen Frist von vier Wochen dazu Stellung zu nehmen. Und jetzt beweist sich die Richtigkeit Ihrer Entscheidung für das Gerichtsverfahren. Denn erfahrungsgemäß reagieren Gläubiger sehr aufmerksam auf Post vom Insolvenzgericht, die ihnen erstmals Ihre gesamte Verschuldung zeigt. Waren sie bisher davon ausgegangen, dass sie Ihr einziger Gläubiger sind, müssen sie nun von einer Aufteilung des Kuchens unter vielen Beteiligten ausgehen. Und gleichzeitig können die Gläubiger aufgrund der Höhe der angebotenen Tilgungsquote auf das wirklich vorhandene Einkommen des Schuldners schließen. Sie kennen die strengen Vorschriften eines zwingend ehrlichen Vermögensverzeichnisses und wissen, dass sie vom Gericht nicht übervorteilt werden. Das war im Umgang mit Ihnen als Schuldner nicht der Fall, und viele argwöhnische Vollstreckungsmaßnahmen dienten nur dazu, versteckte Gelder aufzuspüren.

Ihr Gang zum Gericht trägt erste Früchte

Dennoch weigern sich erfahrungsgemäß viele Gläubiger, an dem vorgeschlagenen gerichtlichen Einigungsversuch teilzunehmen, und beantworten die Post nicht. Das sollte Sie aber keineswegs beunruhigen, ganz im Gegenteil. Wer innerhalb der gesetzten Frist nicht

reagiert, dem wird vom Gericht die Annahme des Einigungsversuchs unterstellt. Sollte überhaupt niemand antworten, was allerdings in der Praxis kaum vorkommt, wäre der Tilgungsplan damit genehmigt.
Das Gleiche gilt, wenn alle Gläubiger schriftlich zustimmen, was nicht selten vorkommt. Denn den Beteiligten ist nun endgültig klar geworden, dass sie realistischerweise auf einen Großteil ihrer Forderungen verzichten müssen, und sie begnügen sich mit der angebotenen Tilgungsquote. Anders sieht es aus, wenn einer oder mehrere Gläubiger grundsätzlich Nein sagen. Das Gericht muss nun prüfen, ob die Neinsager in der Mehrheit oder in der Minderheit sind. Sind sie in der Minderheit, weil sie weniger als die Hälfte der Gläubiger ausmachen und weniger als die Hälfte der gesamten Schuld vertreten, zwingt das Gericht diese Minderheit per Beschluss zur Zustimmung.

Spätestens hier profitiert der Schuldner von seinem Gang zum Insolvenzgericht. Denn eine solche Entscheidung kann nur gerichtlich erwirkt werden. Alle Ihre vorausgegangenen Bemühungen – oder die Ihres Schuldnerberaters – beruhten nämlich lediglich auf Überredungskunst oder der wohlwollenden Einsicht des Gläubigers. Das hat in vielen Fällen sicherlich auch funktioniert, denn bereits im Vorfeld eines privaten Insolvenzverfahrens wirkt die Einschaltung eines Schuldnerberaters segensreich. Dessen professionelle Methoden, einen Gläubiger ganz oder teilweise zum Forderungsverzicht zu bewegen, bedeuten häufig einen Vorgriff auf das gerichtliche Verfahren, allerdings ohne dessen Zwangsmöglichkeiten. Für Sie als Schuldner ist auch klargeworden, dass die Mühsal Ihres Antrags sich gelohnt hat und diese Form der erträglichen Entschuldung besser ist als ihr Ruf.

Falsche Angaben sind gefährlich

Was aber passiert mit dem gerichtlichen Einigungsversuch, wenn eine Mehrheit der Gläubiger dazu ausdrücklich Nein sagt?
Über eine solche Mehrheit kann sich das Gericht nicht hinwegsetzen

und erklärt den Versuch als gescheitert. Damit ist das Verfahren aber keineswegs beendet, sondern wird als vereinfachtes Insolvenzverfahren weiter betrieben. Das wird dann mit der Zahlung bzw. Stundung weiterer Verfahrenskosten beginnen, und zwar mit einer eingehenden Prüfung der Situation. Denn keineswegs ist das Insolvenzgericht blind auf Ihrer Seite als Schuldner, wie Sie vielleicht vermutet haben. Die Belange und der Schutz der Gläubiger werden gleichrangig beachtet, und darum kommt das gesamte Verfahren noch einmal auf den Prüfstand.
Und das sieht so aus: Das Gericht erforscht die grundsätzliche Berechtigung des Schuldners auf Restschuldbefreiung ebenso wie die einzelnen Forderungen. Der bereits eingesetzte Treuhänder wird für das weitere Verfahren erneut herangezogen und vom Gericht werden alle strittigen Forderungen mit den Gläubigern und dem Schuldner besprochen.

Auch das frühere Verhalten des Schuldners wird unter die Lupe genommen. Stellt sich zum Beispiel heraus, dass er wegen Betrügereien im Zusammenhang mit einem Bankrott rechtskräftig verurteilt wurde, gibt es für ihn keine Restschuldbefreiung mehr. Das Gleiche gilt für vorsätzliche falsche Angaben bei Kreditanträgen oder gegenüber Arbeitsagentur, Sozialämtern und dem Finanzamt in den zurückliegenden drei Jahren. Das kann für einige Schuldner ein böses Erwachen bedeuten, denn damit sind ihre letzten Chancen auf das gerichtliche Entschuldungsverfahren dahin.
Andererseits sind diese harten Vorschriften auch gerechtfertigt, um einen Missbrauch von sehr entgegenkommenden Regelungen wirksam auszuschließen. Daher werden auch grundsätzlich keine Forderungen in die Restschuldbefreiung aufgenommen, die mit Straftaten in Verbindungen stehen. Der Schuldner muss also Geldstrafen, Anwalts- und Gerichtskosten, Schadensersatz und Ähnliches grundsätzlich in voller Höhe bezahlen. Das ist nachvollziehbar, weil ansonsten der Strafanspruch des Staates einfach aufgehoben würde.

Selbst das Gericht wacht über Ihr Wohl

Wenn Sie an dieser Stelle Ihre aktuelle Situation mit Ihren früheren Versuchen, der Schuldenhölle zu entrinnen, vergleichen, wird Ihr Vergleich immer zugunsten des privaten Insolvenzverfahrens ausfallen. Hier wird eine strikte Rechtstaatlichkeit angewendet, die Sie sicherlich vorher nicht erfahren haben. Denn alle bekannten Tricks und Möglichkeiten, mit denen man seinerzeit versucht hat, Druck auf Sie auszuüben, waren hart am Rande der Erpressung und Nötigung. Gegen vieles konnten Sie sich wegen Ihrer Rechtsunsicherheit nicht wehren, gegen andere Methoden wollten Sie sich nicht wehren, um Ihren Gläubiger nicht zu verärgern. Seit ihrem Antrag auf Eröffnung des Insolvenzverfahrens hingegen wachen viele unbestechliche Personen über Ihr Wohl: Von den Richtern über Treuhänder bis hin zum Schuldnerberater sind Sie in besten Händen, wenn es um den Umgang mit Gläubigern geht. Die werden sich auch hüten, Sie quasi öffentlich, vor den Augen der Justiz, unter Druck setzen zu wollen. Die früheren Verhandlungen über Kredite, Umschuldungen und Rückzahlungen fanden ja in der Regel unter vier Augen statt – Möglichkeiten genug, Ihre schwache Position auszunutzen. Jetzt aber gibt es keine versteckten Gebühren mehr, keine unnötigen Versicherungen, keine willkürlichen Zinsforderungen. Und erst recht müssen Sie keine Angst mehr haben, dass Ihnen unangemessen hohe Rückzahlungen zugemutet werden.
Ihre Handlungsweisen waren überwiegend fremdbestimmt, und auch wenn Sie glaubten, das Heft in der Hand zu halten, waren Sie ein Getriebener, mehr oder weniger auf der Flucht. Wer aber rennt, hat immer nur ein Bein auf dem Boden und kann schneller stolpern. Heute dagegen, in dem von Ihnen selbst erwünschten Gerichtsverfahren, stehen Sie mit beiden Beinen auf dem Boden. Auch im Umgang mit dem Treuhänder, wie wir gleich sehen werden.

Nachdem das umfangreiche Prüfverfahren für den Schuldner positiv verlaufen ist, schlägt die Stunde des Treuhänders, mit dem Sie für viele Jahre unmittelbar zu tun haben werden. Das Gericht kann bei dessen Einsetzung auch Vorschläge von Ihnen oder den Gläubigern

berücksichtigen. Das heißt, dass Sie möglicherweise Ihren eigenen, vertrauten Schuldnerberater durchsetzen können. Der wird nun zunächst ein Dokument erstellen, aus dem die Rangfolge der Forderungen ersichtlich ist, die alle noch einmal auf Rechtmäßigkeit und Richtigkeit der Forderungshöhe überprüft werden. Sind bestimmte Teile der Forderungen noch immer strittig, wird der Treuhänder dazu zwar die Gläubiger und den Schuldner erneut befragen, aber letztendlich eine Entscheidung treffen.
Vom Gericht hat er eine Aufstellung über alle Ihre Vermögenswerte und Einkommen erhalten, die zur Verwertung bestimmt sind. Was Ihr pfändbares Einkommen angeht, das Sie ja dem Treuhänder für sechs Jahre verpfänden mussten, kontrolliert er vor allem mögliche Erhöhungen oder Verschlechterungen, um entsprechende Anpassungen an die Tilgungssumme vornehmen zu können. Sie sind verpflichtet, darüber fortlaufend wahrheitsgemäße Mitteilungen zu machen. Hinsichtlich Ihres Vermögens wird er alle Möglichkeiten zur bestmöglichen Verwertung prüfen und dann auch veranlassen. Das Geld fließt natürlich in die Tilgungssumme. Vereinfacht gesagt: Er kassiert alle Gelder des Schuldners und leitet sie entsprechend dem gerichtlichen Schlussverzeichnis an die Gläubiger weiter. Ihnen verbleibt lediglich der pfändungsfreie Teil Ihres Einkommens.

Der Treuhänder kämpft auch für Sie

In der sogenannten Wohlverhaltensphase kommt dem Treuhänder eine zusätzliche Funktion zu: Er muss die Erfüllung Ihrer Obliegenheitspflichten überwachen, die wir bereits erläutert haben. Diese unangenehme Kontrolle müssen Sie über sich ergehen lassen, können ihre Auswirkungen aber durch eine vertrauensvolle Zusammenarbeit mit Ihrem „Aufpasser" durchaus mildern.
Überhaupt vertritt er keineswegs nur die Interessen der Gläubiger, sondern hilft auch Ihnen, wenn Sie zum Beispiel erneut von Zwangsvollstreckungsmaßnahmen bedroht werden. Diese sind zwar grundsätzlich für die gesamte Dauer des Verfahrens gerichtlich untersagt, was aber nicht immer beachtet wird. Kommt es wegen

der schwierigen Finanzlage bei Ihnen zu unerträglichen Spannungen in der Familie oder am Arbeitsplatz, die dem Treuhänder auffallen, wird er Ihren Schuldnerberater informieren. Der wird mit Ihnen die Möglichkeiten einer Therapie erörtern, um Sie neuerlich zum Durchhalten der Entschuldung zu motivieren, zu der es eigentlich keine Alternative gibt.

Betrachten Sie Ihre Lage wie von einem fernen Stern: Sie verhalten sich wie jemand, der über ein enges Jackett klagt, obwohl er gerade einem stählernen Korsett entronnen ist. Das hat viel mit der menschlichen Schwäche zu tun, positive Veränderungen auch angemessen zu würdigen. Und die Veränderung hin zu Ihrer jetzigen Lebensführung ist mehr als positiv. Jede denkbare Alternative ist entweder unrealistisch oder wirklich grauenhaft. Fernab von jeder Realität ist sicherlich die Hoffung auf ein Wunder in Gestalt eines Lottogewinns oder die erträumte Flucht nach Südamerika mit der Annahme einer neuen Identität. Gegen das Wunder spricht die statistische Wahrscheinlichkeit von 1 zu 14 Millionen für sechs Richtige im Lotto, und für die Flucht samt Wechsel der Identität fehlt Ihnen schlicht das Geld.
Grauenhaft hingegen muss auch Ihnen die Vorstellung erscheinen, Ihr Leben als gejagter Schuldner ohne jede Perspektive fristen zu müssen. Ohne den bewussten Bruch mit Ihrer Schuldenkarriere, der mutigen Weitblick verrät, wären Sie wirklich chancenlos einem dauerhaften Albtraum ausgeliefert. Vergessen Sie nicht: Aus gerichtlichen Titeln, den sogenannten titulierten Forderungen, können Gläubiger 30 Jahre lang (!) gegen Sie vollstrecken, was auch bei Erfolglosigkeit Ihre Nerven langsam zerrüttet. Angesichts dieser Alternativen sollten Sie sich über Ihr für einige Jahre enges Jackett nicht beklagen.

Das Ende der Wohlverhaltensphase, die nicht unbedingt sechs Jahre dauern muss, rückt näher. Denn Sie können jederzeit eine Verkürzung beantragen, wenn die Tilgungen abgeschlossen sind und Sie Ihre Obliegenheitspflichten erfüllt haben. Darüber erteilt der Treuhänder dem Gericht die entsprechenden Auskünfte. In jedem Fall tritt das Gericht noch einmal zusammen, um Ihnen endgültig die

Restschuldbefreiung zu erteilen. Bei diesem Termin werden Sie, der Treuhänder und vor allem die Gläubiger noch einmal angehört. Alle denkbaren Einwendungen werden geprüft, wobei das Gericht sich nur mit Einlassungen beschäftigt, die hieb- und stichfest nachweisbar sind. In aller Regel aber wird die so lange ersehnte Restschuldbefreiung per Gerichtsbeschluss erteilt. Damit ist endgültig amtlich: Es gibt keine Schulden mehr, die offenen Forderungen zu Beginn des Verfahrens werden nicht mehr vollstreckt und der Schuldner wird auch von allen denkbaren Regressansprüchen befreit.

Es hat sich somit erwiesen: Alle Schuldner, die das private Insolvenzverfahren erfolgreich durchlaufen, werden mit der Restschuldbefreiung mehr als belohnt! Die Macht des Geldes ist gebrochen, das Gefängnis ist eingerissen. Alle Bedrückungen und Ängste lösen sich in Luft auf. Über Ihrem weiteren Lebensweg steht ab sofort ein großes Wort: schuldenfrei.

Zehnte Lektion

Schritte zur Freiheit: Keine neuen Schulden!

Endlich haben Sie es geschafft. Mit der Hilfe guter Berater und aufgrund Ihres intelligenten Schuldenmanagements konnten Sie erstmals den gefährlichen Schuldenberg erkennen, den Sie nahezu unbemerkt aufgetürmt hatten. Allein der Gewinn dieser Erkenntnis war schmerzhaft und ungewohnt, da Sie bisher durch jahrelanges Wegschauen jeden Schmerz erfolgreich vermeiden konnten.
Es war wie die langsame Gewöhnung an ein böses Nervengift. Starke Raucher zum Beispiel entwickeln in jahrzehntelanger Übung die Kunst der perfekten Verdrängung: Sie verweigern sich zunächst jedem gut gemeinten Ratschlag, gehen allen lästigen Gesprächen über Lungenkrebs aus dem Weg und verweisen auf Millionen andere Raucher, als ob damit die Gefahr weggezaubert wäre. Die Parallelen zwischen Nikotinmissbrauch und Geldmissbrauch – und nichts anderes ist hemmungsloses Schuldenmachen – sind erschreckend. Denn auch der Raucher ignoriert beharrlich die ersten Alarmzeichen, führt seinen Husten auf eine Grippe zurück, erklärt seine Atemnot mit abgasgeschwängerter Luft und seinen Konditionsverlust mit

dem fortschreitenden Alter. Immer sind es fremde Einflüsse, die ihm zusetzen, nie sein eigenes, falsches Verhalten. Erkennen Sie sich wieder? In den seltenen und kurzen Phasen der Rauchfreiheit fühlt er sich auch nicht besser und arrangiert sich innerlich mit einer immer schlimmer werdenden Situation. Er hat das perfekte Wegschauen verinnerlicht, lebt mit erheblichen Einschränkungen, wie beispielsweise Herzschmerzen, völlig unbeeindruckt weiter, das Gift hat ihn vollständig im Griff.

Erinnern Sie sich bitte: Auf dem Höhepunkt Ihrer jetzt überwundenen Schuldenkarriere dachten und handelten Sie ähnlich. Den Würgegriff Ihrer Schulden ignorierten Sie einfach oder machten dafür die Umstände verantwortlich. Sie waren längst in einem Trancezustand, der Ihnen den freien Blick auf Ihre gigantische Schuldenfalle verstellte. Erst ein heftiges Ereignis wie Kreditkündigung oder Lohnpfändung, vergleichbar einem Schlaganfall bei Rauchern, zwang Sie dazu, die Augen zu öffnen.

Den Schmerz Ihrer jähen Erkenntnis werden Sie wohl nie vergessen, ihn aber in der folgenden Phase Ihres Handelns als therapeutisch richtig und wichtig erkannt haben. Der Schmerz wich dann einer Zeit der unendlichen Mühen, in denen Sie zunächst das Chaos sortierten. Sie entwickelten ein System des intelligenten Schuldenmanagements, um die Schuldenfalle nicht endgültig zuschnappen zu lassen. Das war die notwendige Handlungsweise nach dem schmerzhaften Erkennen des Schuldenbergs.

Warum die Notfallmedizin nicht reicht

Mediziner gehen in drei Schritten vor, wenn Sie einen Patienten erstmals vor sich haben: Anamnese, also die Beschreibung der Kranken-

geschichte, dann die Diagnosestellung und schließlich die Therapie. In akuten Situationen jedoch greift zunächst die Notfallmedizin, um eine dramatische Verschlechterung des Gesundheitszustands zu verhindern. Und diese Notfallmedizin haben Sie und Ihr Nothelfer, also zumeist Ihr Schuldnerberater, auch erfolgreich angewandt, nicht mehr und nicht weniger. Das war in der damaligen Situation auch ausreichend, eröffnet Ihnen aber noch keinesfalls den Weg in die Freiheit, nie wieder Schulden zu machen.
Um dauerhaft besser mit der Schuldenfalle zu leben, greifen wir auf die bewährten drei Schritte der ärztlichen Heilkunst zurück und übertragen sie auf die Situation von Schuldnern. Obwohl Sie nicht krank sind, wird dieser Kunstgriff dabei helfen, Ihnen eine wirklich schuldenfreie Zukunft zu ermöglichen. Alles andere wäre auch fatal: Ein jederzeit möglicher Rückfall in nicht bewusst gewordene Verhaltensweisen zerstört bereits die Anfänge Ihrer neuen Freiheit, für die Sie mit soviel Blut, Schweiß und Tränen gekämpft haben. Daher werden wir auch den Freiheitsbegriff genauer untersuchen, der sich in zwei Ausprägungen darstellen lässt: Freiheit wovon und Freiheit wofür? Freiheit von unsäglichem Verschuldungsdruck ist das eine, Freiheit für eine neue und beglückende Lebensführung das andere.

Der Weg in die Schuldenhölle ist mit Gold gepflastert

Eine Verlaufsbeschreibung Ihrer Schuldengeschichte ist erst jetzt, nach dem erfolgreichen Abschluss der lebensrettenden Maßnahmen, möglich und sinnvoll. Verschiedene Menschen haben verschiedene Schuldengeschichten, gewiss. Aber viele Entwicklungen sind zumindest ähnlich, weisen die gleichen Merkmale auf, auch wenn am Anfang nicht Leichtfertigkeit stand, sondern ein handfester Schicksalsschlag wie Arbeitslosigkeit, Ehescheidung oder das Scheitern von Alleinerziehenden ohne Einkommen.
Beginnen wir also, ohne jede Wertung, mit der Schilderung der typischen Schuldnerkarriere, in der Sie sich mühelos wiederfinden werden. Sprichwörtlich heißt es, der Weg in die Hölle sei mit Gold gepflastert, und daher glaubt jeder Schuldner an eine goldene

Zukunft, wenn er sich erstmals Geld leiht. Da geht es zunächst um kleine und überschaubare Beträge im Freundes- und Familienkreis, meistens nur für wenige Tage. Die Rückzahlung erfolgt zuverlässig, da ja notfalls ein weiterer Freund angepumpt werden kann, um die erste Schuld zu begleichen. Beim nächsten Schritt zum professionellen Geldverleiher, also der Hausbank, ist der Schuldner auch noch vom Goldglanz geblendet. Dieser Goldglanz hat einen Namen: Kreditgewährung schnell und billig. Damit wird von den Banken, die vom Geldverleihen leben, ungeniert geworben.
Diese verlockende Verführung zieht Schuldner magisch in den Bann. Denn wenn es so einfach möglich ist, an ein neues Moped oder an ein Paar Ski samt Winterausrüstung für den lieben Kleinen zu kommen oder einen eigentlich ungeplanten Urlaub zu genießen, wird jeder Gedanke an eine spätere Rückzahlung verdrängt und die Möglichkeit des Ansparens auf einen Konsumwunsch als altmodisch und spießig verworfen. Die zunächst folgenlose Leichtigkeit eines Lebens auf Pump beflügelt den Schuldner, macht ihn vermeintlich frei und glücklich. Das gilt uneingeschränkt auch bei der Wahrnehmung seiner sozialen Verantwortung in der Familie und gegenüber Kindern, die ebenfalls von dem gefährlichen Geldsegen profitieren.

In den Anfangszeiten einer Schuldenkarriere wird eine gefährliche Verknüpfung zwischen Geld und Glück geschaffen, wobei die Herkunft des Geldes immer unwichtiger wird. Der Schuldner genießt zunehmend die Teilhabe an einer Konsumgesellschaft, das Leben über seine Verhältnisse wird ihm zur Selbstverständlichkeit.
In diese fatale Logik schleicht sich schnell eine weitere, jeden Restzweifel tötende Glücksüberzeugung ein: Geld ist immer und überall vorhanden, ohne jede Gegenleistung. Müsste der gedankenlose Schuldenmacher zwei zusätzliche Malocherstunden wie einst ein Tagelöhner schuften, um ein kleines Extrageld in die Finger zu bekommen, würde ihm der Zusammenhang zwischen Geld und Arbeit schmerzlich bewusst bleiben. So aber lebt er in einer Scheinwelt der steten Bedürfnisbefriedigungen, die er längst als Inhalt einer glücklichen Lebensführung ansieht. Und diese Überzeugung festigt sich mit jedem weiteren Kredit.

Liebesentzug führt zu gefährlichen Lustkäufen

Eine in weiten Teilen nur noch materiell denkende Gesellschaft übt zudem einen erheblichen Druck auf den Schuldner aus, der vielleicht mit dem zynischen Wort „No money, no love" überschrieben werden könnte. Nur wer seinem Partner mit Statussymbolen imponieren kann, hat Chancen auf eine dauerhafte Beziehung oder wenigstens eine Liebesnacht, und Eltern sind nur dann gute Eltern, wenn sie sich die Wertschätzung ihrer Kinder regelrecht erkaufen. An die Stelle des Gefühls tritt das Geschenk, das Bankkonto bestimmt den Grad der Zuneigung, ein schneller Flitzer zählt unter Kollegen längst mehr als ein gutes Gespräch. Und mittendrin ein Verschuldeter, der immer mehr an die Kraft seines Dispokredits glaubt, glauben muss. Denn ohne einen beständig sprudelnden Geldhahn sieht er sich ausgegrenzt von jeder Form der liebenden Zuwendung, die er doch so verzweifelt sucht. Aus der ursprünglichen Verknüpfung von Geld und Glück ist längst eine untrennbare Einheit geworden: Geld ist gleich Glück.

Zunehmend nutzt der Schuldner diese logisch klingende, in Wahrheit tückische Formel auch zur gnadenlosen Selbstbefriedigung, womit sich das Verschuldungsrad immer schneller dreht. Enttäuschungen im zwischenmenschlichen Bereich, die trotz hohen Geldaufwands nicht ausbleiben, werden durch Lustkäufe jeder Art kompensiert, natürlich auf Pump. Der Schuldner sieht sich dazu auch berechtigt, um nicht in quälende Depressionen zu verfallen. Er konstruiert sich einen Anspruch auf Glück in allen Lebenslagen, die ihm das Schicksal aufzwingt. Damit sind alle Dämme gebrochen, der letzte Rest von Kontrolle und Überblick wird in einer trüben Brühe von maßloser Selbstgerechtigkeit hinweggespült.
In dieser Phase der nunmehr unkontrollierbar gewordenen Verschuldung feiert der Realitätsverlust des Schuldners die größten Triumphe. Eine Umschuldung folgt der nächsten, Kreditkarten und Versandhäuser ermöglichen fast unbemerkt die Eröffnung weiterer Kreditfronten, die Streckung von Rückzahlungsverpflichtungen gelingt routiniert. Die Pipeline zum Tresor der Bank funktioniert noch ungestört.

Wenn der Schuldner nicht mehr kämpfen will

Es ist bezeichnend, dass erfolgreich sanierte Schuldner sich kaum an Einzelheiten dieses Rauschzustands erinnern können, besser gesagt: erinnern wollen. Diese brandgefährliche Verdrängung werden wir später unter dem Stichwort Therapie zu würdigen haben.

Aber zurück zur Beschreibung der Schuldengeschichte. Die Phase der entfesselten Verschuldung geht fast unbemerkt in eine Phase der Überschuldung über. Unbemerkt deswegen, weil der Schuldner blitzartig lernt, den ersten schmerzhaften Anzeichen seiner Finanzkrise auszuweichen. Dieser Lernprozess wäre bewundernswert zu nennen, wenn er nicht so fatale Folgen hätte. Aus der Verhaltensforschung bei Tieren haben wir gelernt, dass ihnen drei erfolgreiche Möglichkeiten bei mörderischen Angriffen zur Verfügung stehen: das Totstellen, die Flucht oder der Kampf.

Bezeichnend für bedrängte Schuldner ist der grundsätzliche Verzicht auf Kampf, wohingegen das Totstellen und die Flucht in allen Varianten praktiziert werden. Was jedoch auf freier Wildbahn funktioniert, ist in der menschlichen Gesellschaft zum Scheitern verurteilt. Warum aber verzichtet der Schuldner auf eine kämpferische Auseinandersetzung als einzig Erfolg versprechende Methode?

Das hat im wesentlichen zwei Gründe: Totstellen und fliehen sind vergleichsweise einfache Übungen, die nicht wehtun und kurzfristig durchaus funktionieren. Der Verzicht auf Kampf bedeutet also den Verzicht auf Schmerz. Der zweite Grund liegt in der seelischen Veränderung des Schuldners. Denn aus dem Größenwahn wurde aufgrund der plötzlichen Drucksituation ein handfester Minderwertigkeitskomplex.

Sah sich der Schuldner zuvor in der Lage, selbst mehrere Gläubiger erfolgreich hinzuhalten und sogar neuerlich anzupumpen, traut er sich jetzt ein Gespräch über Mietschulden mit einem sogar entgegenkommenden Hausherrn nicht mehr zu. Scham und das Gefühl vollständiger Aussichtslosigkeit haben den Schuldner zu Boden geworfen. Und wer am Boden liegt, will nicht mehr kämpfen. Die seelische Veränderung, von der wir noch zurückhaltend sprachen, gleicht also mehr einer vollständigen Ego-Zertrümmerung mit allen Anzeichen einer Abkapselung, eines Verstummens und einer Vereinsamung. Das Geld zum Glück wurde in Form von Schulden zum Fluch.

Es gibt auch Schuldner mit sozialer Verantwortung

Alle Schuldengeschichten sind ab diesem Zeitpunkt identisch: Dem ersten Zusammenbruch folgen schnell weitere und ungleich schwerere Krisen, denen der Schuldner wie gelähmt zuschaut. Wenn er überhaupt reagiert, dann nur noch auf schmerzhaften Druck wie beispielsweise eine Lohnpfändung, die ihn dann endlich zum Schuldnerberater treibt, wovon ihn bislang die Scham abgehalten hat.

Dieses Sichschämen wirkt so verhängnisvoll auf die Handlungskraft des Schuldners, dass es einer ernsten Betrachtung wert ist. Denn diese Scham entsteht fast immer aus dem Eingeständnis, seiner sozialen Verantwortung nicht gerecht geworden zu sein, weniger seiner Selbstverantwortung. Wer als Arbeitslose(r), Geschiedene(r) oder Alleinerziehende(r) in die Schuldenfalle geriet, handelte ja auch stets fürsorglich – ein Aspekt, der häufig unterschlagen wird. Da ging es, zumindest anfangs, um die Sicherung des Überlebens der Familie, um das Wohlergehen der Kinder, um den Unterhalt für Unmündige.
Diese ehrenhaften Motive zu Beginn einer Schuldenkarriere lassen sich nicht als Leichtfertigkeit oder als gedankenloser Egotrip abstempeln. Bei solchen Schuldnern bezieht sich die Scham immer auf ein Versagen gegenüber Familie und Kindern. Das gilt auch dann, wenn das Schuldenmachen so leicht war, dass Konsumrausch und egoistische Orgien der schnellen Bedürfnisbefriedigung zum wesentlichen Motiv der Verschuldung wurden. Die Übergänge sind hier fließend, dennoch bleibt festzuhalten: Schamgefühle sind ein starker Grund für das Entstehen von Finanzkatastrophen.

Warum die Schuldendiagnose so wichtig ist

Die Beschreibung von Schuldengeschichten endet mit der jähen Erkenntnis des Schuldners, dass ihn nur noch ein vollständiger Bruch mit der Vergangenheit retten kann. Jetzt wechseln wir zunächst in die Abteilung Diagnose, um später die Therapiemöglichkeiten vorzustellen. In der Sprache der Mediziner meint Diagnose das Erkennen und sichere Feststellen von Krankheiten. Angewandt auf die Situation von Schuldnern, die ja keine Kranken sind, klären wir also äußere Kennzeichen und seelische Verfassungen, um zu einer Klassifizierung der Verschuldung zu gelangen. Nur ein gesichertes Wissen bewahrt Sie vor Rückschlägen und neuen Versuchungen.

Junge Menschen, die sich erst viel später in Schuldenfallen verstricken, sind dennoch schon früh als gefährdete Schuldner erkennbar. Ein klares Anzeichen dafür ist das ständige tränenreiche Anbetteln der Eltern und Großeltern um mehr Geld, obwohl ein großzügiges Taschengeldbudget ausgehandelt wurde. Die Unfähigkeit, mit einem klaren Finanzrahmen auszukommen, wird meist allzu nachsichtig behandelt und auch nicht sonderlich ernst genommen. Folge: Die Ansprüche steigen, weil ja schon die erste Geldbeschaffungsaktion so einfach ablief. Parallel dazu werden Mitschüler angepumpt und die Schulden dann mit einer Lederjacke oder dem Fahrrad bezahlt. Zuhause wird dann natürlich erzählt, die Sachen seien gestohlen worden. Da Eltern meist umgehend für Ersatz sorgen, hat sich der junge Schuldner mit einer kleinen Lüge Bargeld organisieren können. Diese frühe Erfahrung, dass Geld immer und überall verfügbar ist, wenn man nur die Tricks kennt, wirkt prägend: Wozu mühsam sparen, wenn es auch einfacher geht! Diagnose: erkennbare Gefährdung.

Auffällig werden junge Erwachsene auch durch ihr ständiges Reden von Geld. Arbeitskollegen, Studienfreunde oder Kneipenbekanntschaften können den Hintergrund nicht verstehen und lassen sich daher arglos auf Geldwetten oder Unterhaltungsspiele um Geld ein. Großzügig sehen sie darüber hinweg, wenn ihr Gegenüber verliert und gerade nicht zahlen kann, gewonnene Beträge aber energisch einfordert. Die Erkenntnis daraus: Geld lässt sich spielerisch erwerben, so ganz ohne Anstrengung oder gar Verpflichtungen. Dazu gehört auch das Leihen kleinerer Beträge, die schnell in Vergessenheit geraten. Die Diagnose ist eindeutig: Hier zeigt sich ein typisches Schuldnerverhalten.

Wenn falsches Verhalten auch noch belohnt wird

Der Umgang mit finanziellen Engpässen belegt diese Einschätzung. Wer schnell frustriert ist, weil er einige Tage über kein Bargeld verfügt, wird schon wenig später keine Durststrecke bis zum nächsten Zahltag durchstehen können und sich Geld leihen – für was auch immer. Der erkennbare Drang zur permanenten Verfügungsmöglichkeit über Geld erlaubt die Diagnose: Die Grundlagen für eine Schuldenkarriere sind gelegt. Typisch auch das Verhalten, wenn es um die Rückzahlung der geliehenen Beträge geht: Das reicht dann von Abstreiten über Verschieben bis hin zur Bitte um Schuldenerlass – irgendwas funktioniert immer. Damit wird gefährlich falsches Verhalten auch noch belohnt. Diagnose: Der Weg zum Schuldner zeichnet sich ab, da der normale Rückzahlungswille bereits aufgeweicht ist.

Verdächtig auch, wenn der erste Dispokredit mit vollmundigen Tilgungsversprechen erwirkt wird, deren Nichteinhaltung anfangs völlig folgenlos bleibt. Der Schuldner, zu dem der junge Mensch mittlerweile geworden ist, lernt daraus: Rückzahlungen sind unwichtig. Diagnose: Die Schuldenkarriere hat im vollen Umfang begonnen. Auffällig im Familien- und Freundeskreis werden dann Situationen, wo dem Reden über ein neues Auto blitzartig der Kauf auf Kredit folgt, obwohl die allen bekannten Einkommensverhältnisse dies überhaupt nicht zulassen. Diagnose: Das sofortige Habenwollen verrät den Schuldner. Typisch für den weiteren Verlauf sind dann Luxusanschaffungen im häuslichen Bereich, die nur noch auf Pump im Versandhandel finanziert werden können. Diagnose: Das hemmungslose Nutzen einer zweiten Kreditfront ist ein Zeichen für den langsam eintretenden Kontrollverlust.

Ein schwerer Schicksalsschlag wie Ehescheidung oder unmittelbar bevorstehender Arbeitsplatzverlust trifft den Schuldner. Da das bereits knappe Geld weder für neue noch für die laufenden Verbindlichkeiten reicht, wird die erste und alsbald die zweite Umschuldung bedenkenlos in Kauf genommen, jeweils mit einem Aufschlag zur freien Verfügung. Diagnose: Beim Schuldner beginnt die Phase der Gleichgültigkeit gegenüber jedweder Tilgungsabsicht. Danach dauert es nicht lange, bis sich die ersten Inkassobüros melden, Mahnbescheide ins Haus flattern und alles unbeantwortet bleibt. Diagnose: Die klassische Verdrängung ist geboren.
Der absehbare Verlauf führt nach einiger Zeit zu Kreditkündigung und ersten Pfändungen, deren schmerzhaften Auswirkungen den Schuldner allerdings nicht beeindrucken. Diagnose: Der Realitätsverlust ist eingetreten, die Sprachlosigkeit nimmt zu. Da der Schuldner sich jedem Gespräch verweigert und nicht einmal mehr einsame Entscheidungen trifft, werden Stromsperren und Wohnungskündigung angedroht, die ihn in völlige Handlungsunfähigkeit treiben. Diagnose: drohende Selbstaufgabe wegen Resignation sowie Schuld- und Schamgefühlen.

Gefährdungssituationen bewältigen statt verdrängen

Soweit die Diagnosen, die in dieser geballten Form mehr als erschreckend sind. Aber nahezu unfassbar muss es erscheinen, dass weder der betroffene Schuldner noch seine Umgebung zu einer solchen Diagnosestellung fähig war.
Zu fast jedem Zeitpunkt dieser Schuldenkarriere wäre Abhilfe noch möglich gewesen, ein energisches Handeln hätte die schlimmsten Folgen verhindert, zumindest aber gemildert. Die fortschreitende und scheinbar unumkehrbare Entwicklung von den ersten Auffälligkeiten im Geldumgang bis zur Schuldenhölle ist bedrückend auch für jene Schuldner, die in letzter Minute den Ausstieg geschafft haben und nun die Wege zur endgültigen Freiheit erproben. Da Sie bereits jetzt oder in naher Zukunft zu diesem Kreis gehören, bedeutet dieses Lehrstück für Sie nicht nur Rückblick auf ähnlich erlebte Situationen,

sondern zugleich eine Warnung. Denn der Weg aus tückischen Schuldenverstrickungen dauert lang, wie auch Sie leidvoll erfahren mussten. Sehr schnell aber passiert ein Rückfall, wenn Sie typische Gefährdungssituationen verdrängen, anstatt sie bewusst zu bewältigen. Nach den Schuldengeschichten und den Diagnosen folgt jetzt aber die Darstellung von sinnvollen und erprobten Therapien auf Ihrem Weg in die Freiheit.

Therapie im ärztlichen Sinne meint immer die bestmögliche Behandlung der Krankheit mit dem Ziel der vollständigen Gesundung. Da Schulden aber keine Krankheit sind, verstehen wir Therapie in unserem Zusammenhang als notwendige Bewusstseinsveränderungen auf dem Weg in eine schuldenfreie Zukunft sowie als handfeste Handlungsanleitungen zur Freiheit. Die Freiheit von unsäglichem Schuldendruck haben Sie bewerkstelligt, jetzt beschäftigen wir uns mit der Freiheit für ein erfülltes Leben, in dem Glück nicht mit Geld gleichgesetzt wird. Wenden wir uns zunächst den notwendigen Bewusstseinsveränderungen zu, die Ihnen eine glückliche Zukunft ermöglichen sollen. Keine Angst, es handelt sich dabei keineswegs um Gehirnwäsche, sondern um einen Erkenntnisprozess. Wie also entstehen in unserem Denken die vielen verschiedenen Muster von Empfindungen, die unser Handeln bestimmen? Wie können wir sie verändern und in welchem Umfang können wir sie sinnvoll nutzen?

Wir sind keine fremdgesteuerten Wesen

Nicht wenige glauben, dass wir überhaupt nicht frei denken können, sondern gedacht werden. In dieser Logik wäre der Mensch ein von seinem eigenen Gehirn fremdgesteuertes Wesen, das zu selbstständigen Entscheidungen unfähig ist und daher auch keine Verantwortung für sie übernehmen kann. Dieser Erklärungsversuch klingt nicht nur billig und bequem, sondern ist es auch. Denn er entschuldigt alles und jedes, Mord inbegriffen, und macht aus Menschen Roboter. Die vieltausendjährige Menschheitsgeschichte beweist hingegen täglich, dass wir unser Gehirn selbstständig nutzen und freie Entscheidungen treffen können. Wie aber erreichen wir es, nicht nur freie, sondern auch für uns hilfreiche Entscheidungen zu treffen? Das hängt entscheidend von unseren Vorprägungen ab, die sich unser Gehirn gemerkt hat, in Notsituationen gewiss auch von unserem Instinkt. Ich muss nicht von Feuererlebnissen geprägt sein, um instinktiv vor Feuer davonzulaufen, aber ich muss von einer Menge Erfahrungen geprägt sein, um ein Auto sicher zu lenken.

Betrachten wir eine typische Schuldenkarriere, finden wir eine ganze Reihe von Empfindungen und Vorprägungen, die den Weg in die Schuldenfalle äußerst schädlich beeinflusst haben. Zum Glück aber können wir sie verändern, wenn wir uns ihrer bewusst werden. Beginnen wir mit dem Lust-Unlust-Prinzip, das bereits bei Säuglingen funktioniert, um ihnen das Überleben zu sichern. Werden deren Urbedürfnisse nach Nahrung, Wärme und Zuwendung befriedigt, wird das vom Gehirn als Lustgefühl registriert. Der Säugling ist ruhig, zufrieden und glücklich. Wird aber nur eines dieser Bedürfnisse nicht befriedigt, verknüpft das Gehirn diesen Mangel mit einem heftigen Unlust-Gefühl. Der Säugling wird umgehend so lange schreien, bis der Mangel durch äußere Hilfe behoben wird. Die eingetretene Belohnung erzeugt eine grundlegende Prägung: Bedürfnisse werden nicht hinterfragt, sondern nur befriedigt. Bleibt das so entstandene Lustgefühl aus, kann eine sofortige Änderung leicht erzwungen werden, und zwar ohne eigenes Bemühen.

Wie schädliche Prägungen entstehen

Obwohl schon längst nicht mehr zum Überleben notwendig, steckt diese frühkindliche Prägung in uns. Auch der erwachsene Schuldner lässt sich von ihr leiten: Unlustgefühle dürfen sofort durch fremde Hilfe, also durch Geld von anderen, überwunden werden, um den Zustand des Lustgefühls zu erreichen, für den grundsätzlich andere zu sorgen haben. Wenn wir uns diese verhängnisvolle Prägung nachhaltig bewusst machen, können wir sie jetzt verändern, und zwar durch folgende Leitsätze:

» *Mein Leben besteht gleichermaßen aus Höhen und Tiefen.*

Der Blick auf das Schicksal anderer Menschen zeigt mir, dass auch unglückliche Phasen ganz normal sind und meine Vorstellung vom ewigen Höhenflug keineswegs durch die Realität gedeckt ist. Ich beschließe, endlich den Weg zur Normalität zu beschreiten.

» *Ich bin stark genug, um Unglück zu ertragen.*

Ich gehe erstmals in mich auf der Suche nach verborgenen Kräften, und ich bin sicher, sie auch zu finden. Ich begegne dem Unglück mit neuer Gelassenheit und Stärke, weil ich jetzt weiß, dass es nicht von Dauer sein wird.

» *Ich übernehme die Verantwortung für eine Unlustsituation.*

Ich löse mich von allen Fluchtgedanken beim Auftreten unangenehmer Situationen und erkenne den Wert des Standhaltens. Ich stehe zu meiner Unlustsituation und werde sie mit neuer Geduld überwinden.

» *Meine Umwelt ist zu keiner Hilfe verpflichtet.*

Ich freue mich über erwiesene Hilfe, erzwinge sie aber nicht mehr. Ich mache mir stückweise die Erkenntnis zu eigen, dass meine Erwartungshaltung egoistisch war und mich von meiner Selbstverantwortung ferngehalten hat.

» *Ich löse mich innerlich von der Säuglingssituation.*

Ich akzeptiere meine Zugehörigkeit zur Welt der Erwachsenen. Ich erkenne, dass deren Werte tragfähiger sind als mein berechnendes Beharren auf einer beständigen Unmündigkeit und freue mich über diese Befreiung.

» *Ich hinterfrage meine Bedürfnisse, anstatt sie nur blindlings zu befriedigen.*

Erstmals lasse ich die Frage nach dem Warum zu, wenn ich irgend etwas haben will. Ich öffne meine Augen für die Auslöser meines Verhaltens, was mich stark macht. Ich erkenne andere Wege zum Glück als die oberflächliche Befriedigung.

Lebensglück hängt nicht von Statussymbolen ab

Eine starke Prägung ganz anderer Art bedeutet auch das neidische Vergleichen der eigenen mit fremden Lebensentwürfen. Diese Prägung beruht auf einer früh entwickelten Ich-Schwäche, die durch das Vergleichen mit anderen beständig neu gefüttert wird und sich bösartig im Denken festsetzt.
Naturgemäß wird es immer Menschen geben, die schneller, besser und erfolgreicher leben und denen der vermeintlich Schwächere erfolglos hinterherläuft. Unser Denken will aber um jeden Preis dieses Ungleichgewicht überwinden, um den ersehnten Zustand des Gleichgewichts herzustellen. Lebensglück wird unbewusst mit dem Sieg über die Konkurrenz gleichgesetzt, zumindest jedoch mit dem Anschluss an die Lebenserfolge der anderen. Gemeint sind damit immer nur die sichtbaren materiellen Erfolge.

Unser Wirtschaftssystem beruht zu weiten Teilen auf dem geschickten Ausnutzen dieser Prägung und verspricht ein stabiles und endlich befriedigtes Ich durch immer neuen Konsum. Der Erwerb von Dingen, die andere haben, wird als Ausdruck souveräner Entscheidungen dargestellt und bedeutet doch nichts anderes als einen weiteren Schritt getriebener Menschen in Abhängigkeit und Verschuldung. Das geschwächte Ich nimmt diese Entwicklung hin, um endlich erlöst zu werden, und ignoriert, dass jede Bedürfnisbefriedigung weitere solcher Scheinlösungen nach sich ziehen muss, weil es immer noch Erfolgreichere mit immer noch kostspieligeren

Statussymbolen geben wird. Diese unselige Vergleichsprägung zu erkennen und zu überwinden, ist ein wesentlicher Teil unserer Therapie auf dem Weg in eine schuldenfreie Zukunft. Dabei helfen folgende Leitsätze:

» *Meine Selbstwertschätzung hat Vorrang vor allem anderen.*

Mit großer Klarheit erkenne ich mich selbst an. Mein Handeln ist auf meine eigene Zufriedenheit gerichtet, nicht aber auf die Bewertung durch andere. Ich spüre das Wachsen neuer Kräfte, die ich endlich für mich selbst nutze.

» *Ich definiere mein Lebensglück nicht mehr durch Vergleiche.*

Gelassen betrachte ich eine Welt voller Ungleichheiten, in der ich meinen eigenen, verdienten Platz habe. Ich respektiere die Erfolge anderer, ohne gleichziehen zu wollen. Ich verabschiede mich endgültig von allen Neidgefühlen.

» *Ich bin stolz auf meine Erfolge.*

Erstmals lasse ich es zu, auch mich selbst zu loben. Ich habe viel geschafft und werde noch mehr schaffen können. Meine Zufriedenheit mit mir selbst wächst täglich und ich registriere mit Freude jeden Fortschritt auf dem Weg zu mir.

» *Ich bin in Wahrheit stärker als je gedacht.*

Die quälenden Selbstzweifel haben mir nichts gebracht und nur meinen Blick auf vorhandene Stärken verstellt. Ich spüre, wie ich mit kraftvollem Handeln über mich hinauswachse und bin dankbar für diese lange verschüttete Fähigkeit.

» *Mit eigener Lebensfreude überwinde ich die Ausnutzung endgültig.*

Mir ist klargeworden, dass meine langjährige Ego-Schwäche nur ausgenutzt wurde. Damit ist endgültig Schluss, weil ich meine eigene Lebensfreude endlich entdeckt habe. Ich stelle etwas dar und ich freue mich darüber.

Schuldgefühle erfolgreich überwinden

Zu den gefährlichsten Prägungen für Schuldner gehören die tiefsitzenden Schuld- und Schamgefühle, die sich erst kurz vor dem Zusammenbruch bemerkbar machen. Sie entsprechen spiegelbildlich dem leichtfertigen und verantwortungslosen Höhenflug in der Phase der heftigsten Verschuldung.
Entstehen können diese Prägungen nur, weil sie mit Belohnungen verbunden sind. Denn wenn wir uns erfolgreich einer schmerzlichen Realität entziehen können, wird das in unserem Denken mit Wohlgefühlen verknüpft. Das gilt für den vermeintlichen Befreiungsschlag durch Aufnahme neuer Schulden ebenso wie für das Flüchten in Schuld- und Schamgefühle. Dadurch wird die Bestrafung durch andere vorweggenommen, man büßt gleichsam im Vorgriff und darf sich wohlfühlen. Daher hat dieses Verhalten mit Einsicht und wirklicher Reue nichts zu tun, sondern bedeutet nur eine neuerliche, hochangenehme Flucht vor der Realität und dem Zwang, handeln zu müssen. Und gerade diese Schutzhaltung begünstigt das Zuschnappen der Schuldenfalle.
Es ist schwer, diese tückische Prägung zu durchschauen, und noch schwerer, sich zu den schädlichen Folgen zu bekennen. Therapie aber, die sich auf warme Bäder und Kamillentee beschränkt, führt nicht zu den notwendigen Bewusstseinsveränderungen. Hier ist klares Denken gefragt, um zum Kern von Schuldenkarrieren vorzustoßen. Und das tut weh, wie wir wissen. Aber Sie als fast oder

gänzlich sanierter Schuldner wissen zu gut, dass daran kein Weg vorbeiführt – gerade auch, um neuerliche Katastrophen von Grund auf zu verhindern. Das kann natürlich erst dann funktionieren, wenn Sie aus dem Gröbsten heraus sind, in der aktuellen Verzweiflung sind solche durch Prägungen verursachten Fluchten in Schuld- und Schamgefühle menschlich verständlich.
Jetzt aber lassen wir den komplizierten und schmerzlichen Gedanken zu, dass wir uns jeder Verantwortung für uns durch das unbewusste Ausnutzen dieser Gefühle abermals entzogen haben, wenn auch das letzte Mal. Beim bewussten Verändern dieser Empfindungen und Prägungen helfen folgende Leitsätze:

» *Ich zerreiße das Lügennetz aus falschen Schuldgefühlen.*

Mir ist bewusst geworden, dass ich mich einer Täuschung hingegeben habe. Was ich für Schuldgefühle gehalten habe, waren nur Ausflüchte. Weil ich das heute weiß, kann ich mir selbst verzeihen, um Kraft für den Neuanfang zu sammeln.

» *Ich lasse endlich die schmerzhafte Reue zu.*

Ich habe erfolgreich mein Denken verändert und kann daher jetzt ernsthaft bereuen. Ich lerne viel daraus, auch wenn es wehtut. Ich weiß auch, dass Reue bei möglichen Rückfällen viel früher einsetzen muss.

» *Ich wende mich gestärkt der Realität zu.*

Mein früheres Leben in der Schuldentrance war nur scheinbar schön. Ich habe erkannt, dass mir die Hinwendung zur Realität ein neues Selbstbewusstsein gibt. Es ist ein gutes Gefühl, wieder mit beiden Beinen auf dem Boden zu stehen.

» *Ich verlasse den Irrweg der Schamgefühle.*

Es tut mir gut, mein Irren erkannt zu haben. Mit meiner Scham habe ich niemandem geholfen, am wenigstens mir selbst. Ich weiß jetzt, dass ich die Prägungen durchschaut habe, und bin vor Rückfallen gesichert.

» *Ich verantworte meine Handlungen in Würde.*

Meine Erkenntnisse haben mich deutlich weiter gebracht auf dem Weg in die Freiheit. Für mein Verhalten übernehme ich nachträglich die Verantwortung. Ich weiß, dass dadurch meine Würde nicht verletzt wird.

» *Meine neue Wahrheit gibt mir neue Kräfte.*

Es ist befreiend, endlich die ganze Wahrheit über diesen Teil meines Lebens zu kennen. Damit habe ich die Kraft zur Veränderung gefunden. Mir ist endlich klargeworden, dass ich schädliche Prägungen durch bewusstes Erkennen verändern kann.

Der Erfolg positiver Gedanken stellt sich erfahrungsgemäß schnell ein, wenn man sie bewusst aufnimmt und klar formuliert, wie Sie sicherlich gespürt haben. Das Schlüsselwort für Ihren auf Dauer erfolgreichen Weg in die Freiheit heißt daher nicht Abrechnung oder Verdrängung, sondern ***Bewusstseinsveränderung***.
Wer abrechnet oder verdrängt, denkt immer wieder in den schädlichen Mustern, anstatt sie zu bewältigen. Wer aber die Prägungen durchschaut, die in die Schuldenfalle führten, wird vor Rückfällen gefeit sein. Denn so hilfreich und nützlich die Notfallmedizin auch sein mag, sie kann immer nur den durch ein Leben auf Pump bereits entstandenen Schaden mildern und weitere Verschuldungen stoppen. Aber erst das leidvolle Bewältigen der gefundenen Wahrheiten und eine ebenso schmerzhafte sowie ungewohnte Bewusstseinsverän-

derung, die Sie leisten müssen, befreien Sie wirksam und endgültig aus der Schuldenhölle. Denn die Schuldenfalle lockt weiterhin und es kommt darauf an, besser mit ihr zu leben.

Spass am Leben mit kleiner Münze

Bevor wir unsere Therapiemöglichkeiten mit praktischen Tipps für den Alltag fortsetzen, wollen wir Ihnen vorab eine sehr persönliche Ermunterung zukommen lassen: Nach der langen Zeit Ihrer Gefangenschaft in der Herrschaft des Geldes, zu dem eben auch seine hässliche Schwester namens Schulden gehört, sollen Sie sehr bewusst Ihre neue Freiheit genießen!
Ganz richtig: Genießen ohne Angst und Schuldendruck, denn es steht nirgends geschrieben, dass Sie künftig in Sack und Asche gehen sollen, nachdem Sie der Schuldenfalle gerade noch rechtzeitig vor dem Zuschnappen entronnen sind. Sparen sie sich bewusst zehn Euro zusammen und trinken Sie auf Ihren erfolgreichen Kampf eine gute Flasche Sekt – die erste seit langer Zeit, die nicht schuldenfinanziert ist. Das gute Gefühl dabei ersetzt den Drang zu einer zweiten Flasche! In diesem Sinne sind die folgenden, beispielhaften Empfehlungen zu verstehen, die Sie aus Ihrem sicherlich kleinen Etat finanzieren können – so ganz ohne Ihren früher üblichen Zugriff auf geliehenes Geld. Motto: Spaß am Leben mit kleiner Münze!

Greifen wir zunächst Ihren Wunsch nach einer ansprechend eingerichteten Wohnung auf, wozu Möbel, Teppiche, Lampen, Unterhaltungselektronik und sonstiger Hausrat gehören. Diese Wünsche zu unterdrücken, führt Sie unvermeidlich zu Frustrationen. Aber Sie müssen den einstigen Zeiten der schnellen Bestellung beim Versandhandel nicht nachtrauern. Fast flächendeckend in ganz Deutschland haben sich Sozialkaufhäuser und Möbellager, beispielsweise vom Roten Kreuz, etabliert, die gebrauchte Einrichtungsgegenstände zu einem Spottpreis an jedermann verkaufen. Alle Teile sind in einem wirklich guten Zustand, teilweise in eigenen Werkstätten von kleinen Fehlern befreit. Hier können Sie sich ohne schlechtes Gewissen austoben, denn Preise von zwanzig Cent für ein Weißbierglas oder 80 Euro für ein Klavier verkraftet auch Ihr schmaler Geldbeutel. Therapeutisch für Sie vorteilhaft: Sie brauchen sich nicht ausgegrenzt zu fühlen, nur weil sie nicht mehr auf Pump einkaufen können. Außerdem ist Barzahlung Pflicht – das setzt Ihrem vielleicht wieder aufflackernden Konsumrausch enge Grenzen.

Urlaub: Es muss nicht immer Kanada sein

Ihre Lebensmittel kaufen Sie zwar nicht mehr in den Feinkostabteilungen, aber ein Rundgang durch einen beliebigen Supermarkt wird Ihr Herz höher schlagen lassen. Ihnen wird ein 20-Euro-Schein statt der gewohnten 50 Euro völlig ausreichen, um sich für einige Tage mit bester Qualitätsware einzudecken. Sie sind nicht zu täglichen Ravioli aus der Dose verdammt, sondern können mit ungeahnter Lebensfreude frisch und schmackhaft kochen.
Natürlich hatten Sie nach Ihrem tiefen Sturz befürchtet, für Ewigkeiten auf alle Leckereien verzichten zu müssen, die Ihr Dispokredit Ihnen gestattete. Aber Preise von 99 Cent z. B. für eine Packung feinster Matjesfilets oder von 80 Cent für eine Flasche reines Sonnenblumenöl werden Sie schnell eines Besseren belehren. Sie werden den Einkauf glücklich beenden und den schrecklichen Satz „Geld ist gleich Glück" für immer vergessen. Sie haben eine gefährliche Prägung überwunden, das ist ein beachtlicher Therapieerfolg.

Und natürlich können Sie weiterhin Urlaub machen, es muss ja nicht immer Kanada sein! Entdecken Sie zwei Tage lang Ihr Bundesland mit einem Wochenendticket der Bahn, für das Sie weniger bezahlen als für Ihre früheren Taxifahrten zum Flughafen. Geben Sie sich dem völlig neuen Lebensgefühl hin, mitgenommene Wurstbrötchen zum Kaffee aus der Thermoskanne zu genießen! Und wenn es Sie in den Süden zieht, leihen Sie sich ein kleines Zelt, nutzen einen 19-Euro-Schnäppchenflug nach Tunesien und campen eine Woche am Strand. Tomaten, Käse und Weißbrot für ein paar Cent werden Ihnen besser munden als die einstigen Hummerschwänze im Luxushotel mit dem hässlichen Beigeschmack des unbezahlten Kredits dafür. Genießen Sie das Gefühl, Ferien nur zu Ihrer eigenen Freude zu machen, und lassen Sie neidlos andere Menschen ins Waldorf-Astoria-Hotel nach New York reisen. Therapeutisch gesehen eine große Leistung, da Sie eigene Lebensfreude über das Vergleichen mit anderen stellen können.

Zuwendung statt Zuwendungen – Geschenke usw.

Die Zeiten großer Limousinen sind für Sie vorbei, und da steckt eine Menge Zündstoff drin. Sie laufen Gefahr, verbittert zu werden, weil Sie keinen Ersatz für Ihren erzwungenen Verzicht haben. Schlagen sie Ihrem alten Anspruchsdenken ein Schnippchen und ersteigern Sie bei Zwangsversteigerungen für zehn Euro ein Fahrrad. Ihr „Ersatz" bringt Sie ebenso gut von A nach B und ist weitaus auffälliger als ein Cabrio. Der therapeutische Nutzen lohnt die Entscheidung: Verzicht bedeutet Reife ohne Reue – eine gelungene Rückfallvermeidung!

Sie müssen auch auf Kunst und Kultur nicht verzichten, wenn Sie den Erwerb einer teuren Opernkarte mit einer therapeutischen Übung verbinden. Sie sparen ein Jahr lang Woche für Woche einen Euro, was mit dem Verzicht auf eine Zigarette täglich leicht möglich ist. Sie bezahlen den Eintritt von 52 Euro in bar anstatt, wie gehabt, mit einer Kreditkarte. Das Glücksgefühl dabei ist jedoch um ein Vielfaches höher als der frühere Konsum auf Kredit, da Sie sich im wahrsten Sinne des Wortes das Kunsterlebnis vom Munde abgespart haben. Sie entdecken den Wert von Geld neu und ziehen aus Ihrer Sparerkarriere mehr Freude als aus Ihrer Schuldenkarriere zu den besten Zeiten: Ein triumphaler Therapieerfolg!

Ihr Sohn aus der gescheiterten Ehe feiert seinen zwölften Geburtstag und Sie können sich seine Liebe nicht mehr mit einem 200-Euro-Geschenk erkaufen. Statt dessen verbringen Sie einen ganzen Tag mit ihm im Freibad und schenken ihm Aufmerksamkeit und Zuwendung. Was so banal klingt, bedeutet im therapeutischen Sinne einen

Ihrer größten Erfolge über kreditfinanzierte Beziehungsgeschenke. Sie haben bewiesen, dass der Satz „No money, no love" für Sie keine Bedeutung mehr hat. Denn Ihr Sohn wird diesen Geburtstag nie vergessen.

Eine alte Gerichtskostenrechnung zwingt Sie zur Bezahlung von vielen Hundert Euro, die Sie nicht haben. Sie verzichten auf das Kreditangebot eines Freundes und setzen unter Hinweis auf Ihre Armut eine Ratenzahlung von monatlich 50 Euro durch, die Ihnen Tag für Tag wehtun. Weil sie diese Therapiemöglichkeit gewählt haben, liegen Sie jetzt im Verhältnis zu Ihrer Vergangenheit ganz weit vorn: Sie haben die Post geöffnet, Sie haben auf Schulden zur Frustverhinderung verzichtet, Sie haben Ihren wirklichen Finanzstatus bekannt und nehmen eine lange Zeit bitterer Entbehrungen auf sich.

Dauerhaft schuldenfrei? Es liegt in Ihrer Hand

Unsere Tipps für einen schuldenfreien Alltag sind immer auch als Therapiemöglichkeiten zu verstehen, als Beiträge auf dem Weg zur Freiheit. Denn in Wahrheit waren Sie nie so unfrei wie im Verlauf Ihrer Schuldenkarriere, und das nicht erst beim bitteren Ende.

Wir haben die vielen Gründe aufgezeigt, die in die Überschuldung führen können: soziale Katastrophen wie Arbeitslosigkeit, Ehescheidung, Krankheit, Unwissenheit, Leichtfertigkeit, Ich-Schwäche, Verlockungen der Konsumwelt, falsche Glückserwartungen, Selbstüberschätzung, geringe Leidensfähigkeit.
Wir haben die entscheidenden Hinweise zum richtigen Umgang mit den einzelnen Stationen der Schuldenkarriere und ihren Anzeichen geliefert: von der Ablehnung eines Dispokredits über die Behandlung von Mahnbescheiden bis zur Wohnungskündigung.
Wir haben die vielen Hilfsangebote geschildert, die von einer professionellen Schuldnerberatung bis hin zum Insolvenzverfahren reichen.
Wir haben Ihnen erprobte Therapiemaßnahmen vorgeschlagen, aber auch mit deutlichen Worten nicht gespart.

Unser Ziel dabei:
Wir wollen, dass Sie besser mit der Schuldenfalle leben – heute und morgen. Es liegt jetzt allein in Ihrer Hand, mit gestärktem Rücken dauerhaft schuldenfrei zu leben.

Elfte Lektion

Hier gibts Hilfe: Nützliche Infos und Adressen

Diese Lektion ist in folgende Abschnitte gegliedert:

1. Die Lohnpfändungstabelle

Hier finden Sie den pfändbaren Betrag Ihres monatlichen Netto-Einkommens.

2. Die Verbraucherzentralen

Hier finden sie die Anschriften der Verbraucherzentrale in Ihrem Bundesland.

3. Die Schuldnerberater

Hier finden Sie die Telefonnummern der amtlichen Schuldnerberater in der Nähe Ihres Wohnortes.

1. Die Lohnpfändungstabelle

Aus dieser Tabelle können Sie ersehen, welcher Betrag von Ihrem monatlichen Nettoeinkommen als Alleinstehende(r) ohne Unterhaltspflichten oder mit Unterhaltungspflichten für ein oder zwei Personen pfändbar ist. Der sogenannte unpfändbare Teil Ihres Einkommens, über den Sie frei verfügen können, beträgt 989,99 Euro bei Alleinstehenden ohne Unterhaltspflichten. Er erhöht sich auf 1359,99 Euro bei Unterhaltspflicht für eine Person, auf 1569,99 Euro bei Unterhaltspflicht für zwei Personen, auf 1769,99 Euro bei Unterhaltspflicht für drei Personen. Zur Vereinfachung stellen wir Ihr Monatsnetto in 100-Euro-Schritten dar.

1.000 Euro netto: 10,40 Euro sind pfändbar.

1.100 Euro netto: 80,40 Euro sind pfändbar.

1.200 Euro netto: 150,40 Euro sind pfändbar.

1.300 Euro netto: 220,40 Euro sind pfändbar.

1.400 Euro netto: 290,40 Euro sind pfändbar, bei Unterhalt für eine Person 22,05 Euro.

1.500 Euro netto: 360,40 Euro sind pfändbar, bei Unterhalt für eine Person 72,05 Euro.

1.600 Euro netto: 430,40 Euro sind pfändbar, bei Unterhalt für eine Person 122,05, bei Unterhalt für zwei Personen 15,01.

1.700 Euro netto: 500,40 Euro sind pfändbar, bei Unterhalt für eine Person 172,05 Euro, bei Unterhalt für zwei Personen 55,01 Euro.

1.800 Euro netto: 570,40 Euro sind pfändbar, bei Unterhalt für eine Person 222,05 Euro, bei Unterhalt für zwei Personen 95,01 Euro, bei drei Personen 9,29 Euro.

1.900 Euro netto: 640,40 Euro sind pfändbar, bei Unterhalt für eine Person 272,05 Euro, bei Unterhalt für zwei Personen 135,01 Euro, bei drei Personen 39,29 Euro.

2.000 Euro netto: 710,40 Euro sind pfändbar, bei Unterhalt für eine Person 322,05 Euro, bei Unterhalt für zwei Personen 175, 01 Euro, bei drei Personen 69,29 Euro.

2. Die Verbraucherzentralen

Die Verbraucherzentralen überprüfen gegen eine kleine Gebühr alle anstehenden Kreditgeschäfte vom Dispokredit bis zur Umschuldung, von Versandhandelskrediten bis zu Inkassoforderungen auf deren Richtigkeit und Zulässigkeit.

Verbraucherzentrale Baden-Württemberg e. V.
70178 Stuttgart, Paulinenstraße 47
Tel: 0180-5-50 59 99

Verbraucherzentrale Bayern e. V.
Beratungsstelle München
80336 München, Mozartstraße 9
Tel: 089-5 39 87-21 oder 24
Landesweites Servicetelefon: 09001-89 22 93 76

Verbraucherzentrale Berlin e. V.
10787 Berlin, Bayreuther Straße 40
Tel: 030-214 85-260

Verbraucherzentrale Brandenburg e. V.
Beratungsstelle Potsdam
14473 Potsdam, Lange Brücke 2
Tel: 0180-5-00 40 49

Verbraucherzentrale Bremen e. V.
28195 Bremen, Altenweg 4
Tel: 0421-160 777

Verbraucherzentrale Hamburg e. V.
20099 Hamburg, Kirchenallee 22
Tel: 040-24 832-0

Verbraucherzentrale Hessen e. V.
Beratungsstelle Frankfurt
60313 Frankfurt, Große Friedbergerstraße 13-17
Tel: 0180-5-97 20 10

Verbraucherzentrale Mecklenburg-Vorpommern e. V.
18055 Rostock, Strandstraße 98
Tel: 0381-208 70 50

Verbraucherzentrale Niedersachsen e. V.
Beratungsstelle Hannover
30159 Hannover, Herrenstraße 14
Tel: 0511-9 11 96-0

Verbraucherzentrale Nordrhein-Westfalen e. V.
Beratungsstelle Düsseldorf
40227 Düsseldorf, Heinz-Schmöle-Straße 17
Tel: 0211-71 06 49 0

Verbraucherzentrale Rheinland-Pfalz e. V.
Beratungsstelle Mainz
55116 Mainz, Gymnasiumstraße 4
Tel: 06131-28 48 20 (zur Terminvereinbarung)

Verbraucherzentrale Saarland e. V.
Beratungsstelle Saarbrücken
66111 Saarbrücken, Trierer Straße 22
Tel: 0681-5 00 89-0

Verbraucherzentrale Sachsen e. V.
Beratungszentrum Leipzig
04109 Leipzig, Brühl 34-38
Tel: 0341-2 61 04 50 (Termintelefon)
Zentrales Servicetelefon: 0180-5-79 77 77

Verbraucherzentrale Sachsen-Anhalt e. V.
Beratungsstelle Halle
06108 Halle, Steinbockgasse 1
Tel: 0345-2 98 03 11
Zentrales Servicetelefon: 0180-5-70 66 00

Verbraucherzentrale Schleswig-Holstein e. V.
Beratungsstelle Kiel
24103 Kiel, Bergstraße 24
Tel: 0431-51533

Verbraucherzentrale Thüringen e. V.
Geschäftsstelle
99085 Erfurt, Eugen-Richter-Straße 45
Tel: 0361-55514-0

3. Die Schuldnerberater

Die Schuldnerberater von Caritas, Diakonie, Städten, Gemeinden und Landkreisen sind amtlich zugelassen und arbeiten kostenlos. Sie helfen in allen Fragen der Verschuldung, vom Mahnbescheid über Pfändungen bis zum privaten Insolvenzverfahren. Private Schuldnerbüros werden hier ausdrücklich nicht aufgeführt. Wählen Sie die Rufnummer Ihres nächstgelegenen Schuldnerberaters und vereinbaren Sie frühzeitig einen Termin.

BADEN-WÜRTTEMBERG

73430	Aalen	Tel: 07361-503498
72458	Albstadt	Tel: 07431-590621
76534	Baden-Baden	Tel: 07221-931453
72336	Balingen	Tel: 07433-971451
88400	Biberach	Tel: 97351-52441
76646	Bruchsal	Tel: 07251-783226
71032	Böblingen	Tel: 07031-216520
75365	Calw	Tel: 07051-929075
79312	Emmendingen	Tel: 07641-451344
73726	Esslingen	Tel: 0711-39022667
76275	Ettlingen	Tel: 07243-5150
70734	Fellbach	Tel: 0711-579393
70794	Filderstadt	Tel: 0711-705811
79098	Freiburg	Tel: 0761-2922066
72250	Freudenstadt	Tel: 07441-920214
88014	Friedrichshafen	Tel: 07541-203462
73033	Göppingen	Tel: 07161-202275
69117	Heidelberg	Tel: 06221-27058
89518	Heidenheim	Tel: 07321-321312
74064	Heilbronn	Tel: 07131-994409
72160	Horb/Neckar	Tel: 07451-2436
76124	Karlsruhe	Tel: 0721-1335033

77694	Kehl	Tel: 07851-72244
73230	Kirchheim	Tel: 07021-920920
78462	Konstanz	Tel: 07531-915050
74653	Künzelsau	Tel: 07940-18430
77933	Lahr	Tel: 07821-89418
88299	Leutkirch	Tel: 07561-2188
71638	Ludwigsburg	Tel: 07141-1442468
79539	Lörrach	Tel: 07621-178234
68056	Mannheim	Tel: 0621-15993
74819	Mosbach	Tel: 06261-84423
79379	Müllheim	Tel: 07631-177740
72202	Nagold	Tel: 07452-841029
72622	Nürtingen	Tel: 07022-700738
77652	Offenburg	Tel: 0781-8059350
75175	Pforzheim	Tel: 07231-392525
78315	Radolfzell	Tel: 07732-9406450
76437	Rastatt	Tel: 07222-381697
88212	Ravensburg	Tel: 0751-853181
72764	Reutlingen	Tel: 07121-4804114
79650	Schopfheim	Tel: 07622-2720
74523	Schwäbisch-Hall	Tel: 0791-7557226
72488	Sigmaringen	Tel: 07571-1024165
74889	Sinsheim	Tel: 07261-13849
70173	Stuttgart	Tel: 0711-2164774
97941	Tauberbischofsheim	Tel: 09341-92200
78532	Tuttlingen	Tel: 07461-73025
72072	Tübingen	Tel: 07071-930480
89073	Ulm	Tel: 0731-1615208
78048	Villingen/Schwenningen	Tel: 07720-301341
71332	Wablingen	Tel: 07151-501531
79761	Waldshut/Tiengen	Tel: 07751-86211
88239	Wangen	Tel: 07522-9963681
71384	Weinstadt	Tel: 07151-693296
77709	Wolfach	Tel: 07834-231

BAYERN

86551	Aichach;	Tel. 08251-87340
84503	Altötting	Tel: 08671-84498
92224	Amberg	Tel: 09621-47550
91522	Ansbach	Tel: 0981-9698814
63739	Aschaffenburg	Tel: 06021-330343
86150	Augsburg	Tel: 0821-3242838
97688	Bad Kissingen	Tel: 0971-8012030
97616	Bad Neustadt	Tel: 07771-3202
83435	Bad Reichenhall	Tel: 08651-2025
83646	Bad Tölz	Tel: 08041-9027
91438	Bad Windsheim	Tel: 09841-650726
96047	Bamberg	Tel: 0951-9828116
95444	Bayreuth	Tel: 0921-7890221
92339	Beilngries	Tel: 08421-2908218
83471	Berchtesgaden	Tel: 08652-2943
93413	Cham	Tel: 09971-846914
96450	Coburg	Tel: 09561-27727
85221	Dachau	Tel: 08131-298108
94469	Deggendorf	Tel: 0991-7284
89407	Dillingen	Tel: 09071-9490
84130	Dingolfing	Tel: 08731-31600
86609	Donauwörth	Tel: 0906-3071
84405	Dorfen	Tel: 08081-514
85560	Ebersberg	Tel: 08092-87331
85072	Eichstätt	Tel: 08421-97550
92681	Erbendorf	Tel: 09631-70350
85435	Erding	Tel: 08122-58313
91052	Erlangen	Tel: 09131-885624
91301	Forchheim	Tel: 09191-707245
83395	Freilassing	Tel: 08654-63456
85354	Freising	Tel: 08161-5387910
94078	Freyung	Tel: 08551-58510
86316	Friedberg	Tel: 0821-2689114
82256	Fürstenfeldbruck	Tel: 08141-512894

90762	Fürth	Tel: 0911-7493319
82467	Garmisch-Partenkirchen	Tel: 08821-9434880
82538	Geretsried	Tel: 08171-6810
82110	Germering	Tel: 089-848142
94481	Grafenau	Tel: 08552-408880
83109	Großkarolinenfeld	Tel: 08031-599776
91710	Gunzenhausen	Tel: 09831-2417
89312	Günzburg	Tel: 08221-95203
85540	Haar	Tel: 089-4623670
97437	Hassfurt	Tel: 09521-69119
91161	Hilpoltstein	Tel: 09174-881
95028	Hof	Tel: 09281-86193
83607	Holzkirchen	Tel: 08024-4459
85049	Ingolstadt	Tel: 0841-9330920
97753	Karlstadt	Tel: 09353-7930
87600	Kaufbeuren	Tel: 08341-9092411
93309	Kelheim	Tel: 09441-500721
95478	Kemnath	Tel: 09631-70350
87435	Kempten	Tel: 0831-5405952
97318	Kitzingen	Tel: 09321-928566
82152	Kraillingen	Tel: 089-8952650
96317	Kronach	Tel: 09261-605620
86381	Krumbach	Tel: 08282-889427
95326	Kulmbach	Tel: 09221-957421
85092	Kösching	Tel: 08456-963121
86899	Landsberg	Tel: 08191-32957
84034	Landshut	Tel: 0871-609301
96215	Lichtenfels	Tel: 09571-939170
88131	Lindau	Tel: 08382-25339
88616	Markt Oberdorf	Tel: 08342-2300
95615	Marktredwitz	Tel: 09231-63509
87700	Memmingen	Tel: 08331-5084
83714	Miesbach	Tel: 08025-28060
63897	Miltenberg	Tel: 09371-501187
87719	Mindelheim	Tel: 08261-995413
85368	Moosburg	Tel: 08761-8586

84453	Mühldorf	Tel: 08631-13045
80097	München	Tel: 089-6903845
89231	Neu-Ulm	Tel: 0731-7040493
86633	Neuburg/Donau	Tel: 08431-1078
92318	Neumarkt/Oberpfalz	Tel: 09181-511270
92660	Neustadt	Tel: 09602-94355
91413	Neustadt/Aisch	Tel: 09161-899515
90403	Nürnberg	Tel: 0911-23540
86720	Nördlingen	Tel: 09081-22009
85521	Ottobrunn	Tel: 089-6085200
94032	Passau	Tel: 0851-5606140
91257	Pegnitz	Tel: 09241-8614
85276	Pfaffenhofen	Tel: 08441-80830
84347	Pfarrkirchen	Tel: 08561-960715
94209	Regen	Tel: 09921-94620
93047	Regensburg	Tel: 0941-5021171
83022	Rosenheim	Tel: 08031-300971
91154	Roth	Tel: 09171-966430
86956	Schongau	Tel: 08861-20444
86529	Schrobenhausen	Tel: 08252-88710
91126	Schwabach	Tel: 09122-30957
92421	Schwandorf	Tel: 09431-88170
97421	Schweinfurth	Tel: 09721-788390
95100	Selb	Tel: 09287-1761
87527	Sonthofen	Tel: 08321-612604
82319	Starnberg	Tel: 08151-148240
94315	Straubing	Tel: 09421-99120
82024	Taufkirchen	Tel: 089-6145210
95643	Tirschenreuth	Tel: 09631-2363
83278	Traunstein	Tel: 0861-9898211
97215	Uffenheim	Tel: 09161-2065
85716	Unterschleissheim	Tel: 089-3218320
94234	Viechtach	Tel: 09942-3438
84478	Waldkraiburg	Tel: 08631-9418013
92637	Weiden/Oberpfalz	Tel: 0961-389140
82362	Weilheim	Tel: 0881-4210

91781	Weissenburg	Tel: 09141-902104
82515	Wolfratshausen	Tel: 08171-29859
95632	Wunsiedel	Tel: 09232-994919
97070	Würzburg	Tel: 0931-17979
94227	Zwiesel	Tel: 09922-84490

BERLIN

10115	Berlin	Tel: 030-66633420
10247	Berlin	Tel: 030-4227794
10317	Berlin	Tel: 030-5101007
10437	Berlin	Tel: 030-44017936
10559	Berlin	Tel: 030-200933266
10585	Berlin	Tel: 030-3966000
10623	Berlin	Tel: 030-31507120
10787	Berlin	Tel: 030-21485260
10958	Berlin	Tel: 030-25883694
10961	Berlin	Tel: 030-6916078
12043	Berlin	Tel: 030-68894236
12105	Berlin	Tel: 030-75608561
12487	Berlin	Tel: 030-6315066
12555	Berlin	Tel: 030-6557938
12627	Berlin	Tel: 030-99221340
12662	Berlin	Tel: 030-9311422
12679	Berlin	Tel: 030-9350406
13059	Berlin	Tel: 030-96209494
13357	Berlin	Tel: 030-4930140
13439	Berlin	Tel: 030-4072860
13509	Berlin	Tel: 030-902944275
13585	Berlin	Tel: 030-3363053
13595	Berlin	Tel: 030-36283866

BRANDENBURG

16278	Angermünde	Tel: 03331-269628(30)
16259	Bad Freienwalde	Tel: 03344-32651
04924	Bad Liebenwerda	Tel: 035341-12410
15848	Beeskow	Tel: 03366-20304
14806	Belzig	Tel: 033841-3404634533
16321	Bernau	Tel: 03338-393619
14776	Brandenburg	Tel: 03381-201528(31)
17236	Brüssow	Tel: 039742-80881
03205	Calau	Tel: 03541-801067
03042	Cottbus	Tel: 0355-715063
15806	Dabendorf/Zossen	Tel: 03377-302407
03159	Döbern	Tel: 035600-302264
16225	Eberswalde	Tel: 03334-5550
15890	Eisenhüttenstadt	Tel: 03364-29016
15537	Erkner	Tel: 03362-500812
04895	Falkenberg	Tel: 035365-2828
14612	Falkensee	Tel: 03322-261160
16833	Fehrbellin	Tel: 033932-61484
03238	Finsterwalde	Tel: 03531-3198
03145	Forst	Tel: 03562-983255
15230	Frankfurt/Oder	Tel: 0335-564580(46)
16795	Fürstenberg	Tel: 033093-38878
15517	Fürstenwalde	Tel: 03361-369765
16306	Gartz/Oder	Tel: 033332-617
16775	Gransee	Tel: 03306-2366
14979	Großbeeren	Tel: 033701-328886
01983	Großreschen	Tel: 035753-3164
16761	Henningsdorf	Tel: 03302-802960
04916	Herzberg	Tel: 03535-211223
14532	Kleinmachnow	Tel: 033203-24012
16866	Kyritz	Tel: 033971-320396
15711	Königs-Wusterhausen	Tel: 03375-218970
01979	Lauchhammer	Tel: 03574-2195
15926	Luckau	Tel: 03544-6362

14943	Luckenwalde	Tel: 03371-611335
14975	Ludwigsfelde	Tel: 03378-800076
15907	Lübben	Tel: 03546-8781
16945	Meyenburg	Tel: 033968-576
15374	Müncheberg	Tel: 033432-221
14641	Nauen	Tel: 03321-451848
15366	Neuenhagen	Tel: 03342-80536
16816	Neuruppin	Tel: 03391-3202
16515	Oranienburg	Tel: 03301-56267
19348	Perleberg	Tel: 03876-307491
14467	Potsdam	Tel: 0331-2708723
14727	Premnitz	Tel: 03386-243360
17291	Prenzlau	Tel: 03984-872041
16928	Pritzwalk	Tel: 03395-700882
14712	Rathenow	Tel: 03385-519912
16831	Rheinsberg	Tel: 033931-2088
15562	Rüdersdorf	Tel: 033638-63669
01984	Schwarzheide	Tel: 035752-91918
16303	Schwett/Oder	Tel: 03332-446458
15301	Seelow	Tel: 03346-896924
01968	Senftenberg	Tel: 03573-792579
03130	Spremberg	Tel: 03563-4918
15344	Strausberg	Tel: 03341-309534
14513	Teltow	Tel: 03328-44780
17268	Templin	Tel: 03987-7251
14542	Werder	Tel: 03327-669626
19322	Wittenberge	Tel: 03877-904289
16909	Wittstock	Tel: 03394-4048196
16792	Zehdnenick	Tel: 03307-310169

BREMEN

28203	Bremen	Tel: 0421-7940979
28195	Bremen	Tel: 0421-15575
28195	Bremen	Tel: 0421-335730
28197	Bremen	Tel: 0421-541014

28197	Bremen	Tel: 0421-544606
28755	Bremen	Tel: 0421-6586966
28203	Bremen	Tel: 0421-3648123
28203	Bremen	Tel: 0421-700033
28203	Bremen	Tel: 0421-168168
28217	Bremen	Tel: 0421-3965027
28757	Bremen	Tel: 0421-667003
28759	Bremen	Tel: 0421-661668
28195	Bremen	Tel: 0421-8718476
28309	Bremen	Tel: 0421-456640
28217	Bremen	Tel: 0421-3804559
28201	Bremen	Tel: 0421-504036
27570	Bremerhaven	Tel: 0471-9223510
27576	Bremerhaven	Tel: 0471-5902269
27750	Bremerhaven	Tel: 0471-9269480

HAMBURG

20097	Hamburg	Tel: 040-237030
20099	Hamburg	Tel: 040-248320
20354	Hamburg	Tel: 040-340725
20355	Hamburg	Tel: 040-344174
21073	Hamburg	Tel: 040-4136080
22041	Hamburg	Tel: 040-656902246
22049	Hamburg	Tel: 040-248320
22083	Hamburg	Tel: 040-428323624
22529	Hamburg	Tel: 040-55420121
22547	Hamburg	Tel: 040-82296652
22765	Hamburg	Tel: 040-20947560
22765	Hamburg	Tel: 040-3808230
22765	Hamburg	Tel: 040-36811380
22767	Hamburg	Tel: 040-30620385

HESSEN

36251	Bad Hersfeld	Tel: 06621-74561
61289	Bad Homburg	Tel: 06172 – 9995796
64625	Bensheim	Tel: 06251-4708
35216	Biedenkopf	Tel: 06461-952415
34582	Borken	Tel: 05682-730230
68642	Bürstadt	Tel: 06206-987729
64283	Darmstadt	Tel: 06151-24530
64807	Diburg	Tel: 06071-987660
63128	Dietzenbach	Tel: 06074-812426
35683	Dillenburg	Tel: 02771-97292
63303	Dreieich	Tel: 06103-987518
64711	Erbach	Tel: 06061-941521
37269	Eschwege	Tel: 05651-307625
35066	Frankenberg	Tel: 06451-722711
60311	Frankfurt	Tel: 069-91331621
60311	Frankfurt	Tel: 069-288423
60313	Frankfurt	Tel: 069-21239939
60313	Frankfurt	Tel: 069-9720100
60316	Frankfurt	Tel: 069-441453
60325	Frankfurt	Tel: 069-746055
60385	Frankfurt	Tel: 069-9563890
60316	Frankfurt	Tel: 069-97080274
65929	Frankfurt	Tel: 069-302003
65933	Frankfurt	Tel: 069-39000641
61169	Friedberg	Tel: 06031-5834
34560	Fritzlar	Tel: 05622-2091
36010	Fulda	Tel: 0661-1020
63571	Gelnhausen	Tel: 06051-883696
35390	Giessen	Tel: 0641-75869
35305	Grünberg	Tel: 06401-6153
63450	Hanau	Tel: 06181-9234040
64646	Heppenheim	Tel: 06252-990132
65719	Hofheim	Tel: 06192-2060204
34576	Homberg	Tel: 05681-930446

34112	Kassel	Tel: 0561-7876358
34117	Kassel	Tel: 0561-772934
34117	Kassel	Tel: 0561-10031397
34125	Kassel	Tel: 0561-983330
34497	Korbach	Tel: 05631-959922
36341	Lauterbach	Tel: 06641-977235
65549	Limburg	Tel: 06431-296224
35037	Marburg	Tel: 06421-26342
34212	Melsungen	Tel: 05661-708180
64720	Michelstadt	Tel: 06061-942341
63667	Nidda	Tel: 06043-801914
63065	Offenbach	Tel: 069-82976511
63110	Rodgau	Tel: 06106-886590
65428	Rüsselsheim	Tel: 06142-68288
34613	Schwalmstadt	Tel: 06691-919493
63500	Seligenstadt	Tel: 06182-870
35260	Stadt Allendorf	Tel: 06428-707423
65232	Taununsstein/Bleidenstedt	Tel: 06128-914760
69483	Wald-Michelbach	Tel: 06207-920810
35781	Weilburg	Tel: 06471-327211
35576	Wetzlar	Tel: 06441-4071226
651197	Wiesbaden	Tel: 0611-312886
65185	Wiesbaden	Tel: 0611-174176
65185	Wiesbaden	Tel: 0611-378081
65199	Wiesbaden	Tel: 0611-4114710
37213	Witzenhausen	Tel: 05542-5510

MECKLENBURG-VORPOMMERN

17087	Altentreptow	Tel: 03961-210788
17389	Anklam	Tel: 03971-200322
18209	Bad Doberan	Tel: 038203-12029
18528	Bergen	Tel: 03838-20286769
17095	Burg/Stargard	Tel: 039603-20549
18246	Bützow	Tel: 038461-65314
17109	Demmin	Tel: 03998-434229

18196	Dummerstorf	Tel: 038208-62811
17258	Feldberg	Tel: 039831-20337
17998	Friedland	Tel: 039601-20981
19205	Gadebusch	Tel: 03886-712735
18182	Gelbensande	Tel: 038201-50022
23936	Gevesmühlen	Tel: 03881-716304
17461	Greifswald	Tel: 03834-522563
18507	Grimmen	Tel: 038326-85214
18273	Güstrow	Tel: 03843-694922
19230	Hagenow	Tel: 03883-618932
19288	Ludwigslust	Tel: 03874-6205667
19386	Lübz	Tel: 038731-24609
17033	Neubrandenburg	Tel: 0395-570860
17235	Neustrelitz	Tel: 03981-238986
19379	Parchim	Tel: 03871-441958
17309	Pasewalk	Tel: 03973-212258
18311	Riebnitz/Dammgarden	Tel: 03821-810959
18055	Rostock	Tel: 0381-454720
19063	Schwerin	Tel: 0385-3923960
19406	Sternberg	Tel: 03847-451399
18439	Stralsund	Tel: 03831-703320
17335	Strasburg	Tel: 0172-1987226
18195	Tessin	Tel: 038205-65485
17166	Teterow	Tel: 03996-187777
17358	Torgelow	Tel: 03976-238229
17373	Ueckermünde	Tel: 039771-22261
17192	Waren	Tel: 03991-634897
23966	Wismar	Tel: 03841-2515048
17348	Woldegk	Tel: 03963-210653
17438	Wolgast	Tel: 03836-2018927

NIEDERSACHSEN

31061	Alfeld	Tel: 05181-4836
26871	Aschendorf	Tel: 04961-5010
26603	Aurich	Tel: 04941-62828

37581	Bad Gandersheim	Tel: 05571-924113
31848	Bad Münder	Tel: 05042-503440
31542	Bad Nenndorf	Tel: 05723-3652
26160	Bad Zwischenahn	Tel: 04403-59909
30890	Barsinghausen	Tel: 05105-63928
49593	Bersenbrück	Tel: 05439-942333
27616	Beverstedt	Tel: 04747-94611
49163	Bohmte	Tel: 05471-8338
26919	Brake	Tel: 04401-695902
49565	Bramsche	Tel: 0160-8336969
38023	Braunschweig	Tel: 0531-4705145
38100	Braunschweig	Tel: 0531-2409403
38100	Braunschweig	Tel: 0531-1238490
21244	Buchholz	Tel: 04171-217181
26831	Bunde	Tel: 04953-6522
31303	Burgdorf	Tel: 05136-897313
30938	Burgwedel	Tel: 05139-805790
21614	Buxtehude	Tel: 04161-644446
21781	Cadenberge	Tel: 04777-8199
29201	Celle	Tel: 05141-916518
49661	Cloppenburg	Tel: 04471-82803
27472	Cuxhaven	Tel: 047121-560410
29451	Dannenberg	Tel: 05861-976550
27751	Delmenhorst	Tel: 04221-152550
49356	Diepholz	Tel: 05441-987921
27632	Dorum	Tel: 04742-926513
37115	Duderstadt	Tel: 05527-981317
37574	Einbeck	Tel: 05561-1004
26721	Emden	Tel: 04921-58990
26169	Friesoythe	Tel: 04491-1833
30823	Garbsen	Tel: 05131-707250
49124	Georgsmarienhütte	Tel: 05401-2088
38518	Gifhorn	Tel: 05371-5947814
38640	Goslar	Tel: 05321-393610
37073	Göttingen	Tel: 0551-500910
31785	Hameln	Tel: 05151-941560

30159	Hannover	Tel: 0511-8420627
30159	Hannover	Tel: 0511-3665354
30161	Hannover	Tel: 0511-9904048
30169	Hannover	Tel: 0511-126000
30171	Hannover	Tel: 0511-2855416
30421	Hannover	Tel: 0511-49520
30449	Hannover	Tel: 0511-2102766
30449	Hannover	Tel: 0511-444365
34346	Hannoverschmünden	Tel: 05541-4739
38350	Helmstedt	Tel: 05351-121419
21745	Hemmoor	Tel: 04771-2160
37412	Herzberg	Tel: 05521-73290
31141	Hildesheim	Tel: 05121-16750
37603	Holzminden	Tel: 05531-707337 (224)
26441	Jever	Tel: 04461-4051
30880	Laatzen	Tel: 0511-8744666
30853	Langenhagen	Tel: 0511-9735570
26789	Leer	Tel: 0491-609821
49808	Lingen	Tel: 0591-2008
49393	Lohne	Tel: 04442-3084
21335	Lüneburg	Tel: 04131-745182
49324	Melle	Tel: 05422-3006
49716	Meppen	Tel: 05931-440
31535	Neustadt	Tel: 05032-62055
31582	Nienburg	Tel: 05021-974515
26506	Norden	Tel: 04931-93130
26954	Nordenham	Tel: 04731-88040
48527	Nordhorn	Tel: 05921-8802112
37154	Northeim	Tel: 05551-966258
26121	Oldenburg	Tel: 0441-7790026
49074	Osnabrück	Tel: 0541-3234209
49082	Osnabrück	Tel: 0541-5013058
27711	Osterholz	Tel: 04791-80686
37520	Osterode	Tel: 05522-90550
31224	Peine	Tel: 05171-15588
49610	Quakenbrück	Tel: 05431-94410

26817	Rhauderfehn	Tel: 04952-952015
31737	Rinteln	Tel: 05751-96210
27356	Rotenburg	Tel: 04261-961017
31665	Satthagen	Tel: 05721-76081
38226	Salzgitter	Tel: 05341-8393765
26683	Saterland	Tel: 04492-1323
30926	Seelze	Tel: 05137-938071
31832	Springe	Tel: 05041-970639
21682	Stade	Tel: 04141-41170
31655	Stadthagen	Tel: 05721-893778
31592	Stolzenau	Tel: 05761-70527
27232	Sulingen	Tel: 04271-3750
28857	Syke	Tel: 04242-930670
29525	Uelzen	Tel: 0581-976500
37170	Uslar	Tel: 05571-924113
26316	Varel	Tel: 04451-5312
49377	Vechta	Tel: 04441-83455
27283	Verden	Tel: 04231-15413
29664	Walsrode	Tel: 05161-73176
27793	Wildeshausen	Tel: 04431-98970
26382	Wilhelmshaven	Tel: 04421-139330
21423	Winsen	Tel: 04171-2090
26400	Wittmund	Tel: 04462-861315
38300	Wolfenbüttel	Tel: 05331-1516
38448	Wolfsburg	Tel: 05363-9769190
31515	Wunstorf	Tel: 05031-915685
27404	Zeven	Tel: 04281-955954

NORDRHEIN-WESTFALEN

52074	Aachen	Tel: 0241-9890120
52062	Aachen	Tel: 0241-453163
52064	Aachen	Tel: 0241-3676869
52068	Aachen	Tel: 0241-9039404
52070	Aachen	Tel: 0241-47045
48683	Ahaus	Tel: 02561-429120

59227	Ahlen	Tel: 02382-59754
52477	Alsdorf	Tel: 02404-93901
58762	Altena	Tel: 02352-209259
59755	Arnsberg	Tel: 02932-81160
57319	Bad Berleburg	Tel: 02751-9213
32545	Bad Oeynhausen	Tel: 05731-252350
32108	Bad Salzufflen	Tel: 05222-85587
51465	Bergisch-Gladbach	Tel: 02202-100822
59192	Bergkamen	Tel: 02307-924880
33597	Bielefeld	Tel: 0521-513926
33602	Bielefeld	Tel: 0521-9619120
33611	Bielefeld	Tel: 0521-8012740
53945	Blankenheim	Tel: 02697-910012
32825	Blomberg	Tel: 05235-7284
46399	Bocholt	Tel: 02871-25130
44787	Bochum	Tel: 0234-66044
53113	Bonn	Tel: 0228-969660
46325	Borken	Tel: 02861-8029311
46236	Bottrop	Tel: 02041-317040
33034	Brakel	Tel: 05272-37700
59929	Brilon	Tel: 02961-96060
50321	Brühl	Tel: 02233-94650
32257	Bünde	Tel: 05223-929712
33142	Büren	Tel: 02951-987024
59199	Bönen	Tel: 02307-924880
44575	Castrop-Rauxel	Tel: 02305-923550
45711	Datteln	Tel: 02363-64734
32756	Detmold	Tel: 05231-31348
46535	Dinslaken	Tel: 02064-414531
41540	Dormagen	Tel: 02133-265073
46284	Dorsten	Tel: 02362-66553
44135	Dortmund	Tel: 0231-5023405
44137	Dortmund	Tel: 0231-1848117
44145	Dortmund	Tel: 0231-8610320
44137	Dortmund	Tel: 0231-7254960
47051	Duisburg	Tel: 0203-2951169

47167	Duisburg	Tel: 0203-594674
47051	Duisburg	Tel: 0203-2838882
47226	Duisburg	Tel: 020065-908762
48249	Dülmen	Tel: 02594-788190
52351	Düren	Tel: 02421-95380
40211	Düsseldorf	Tel: 0211-1606020
40213	Düsseldorf	Tel: 0211-328195
40227	Düsseldorf	Tel: 0211-71064920
40629	Düsseldorf	Tel: 0211-6580835
40472	Düsseldorf	Tel: 0211-60025501
40476	Düsseldorf	Tel: 0211-4696170
51766	Engelskirchen	Tel: 02263-952787
59320	Ennigerloh	Tel: 02524-281
50374	Erftstadt	Tel: 02235-461981
41812	Erkelenz	Tel: 02431-960013
40699	Erkrath	Tel: 02104-171815
52249	Eschweiler	Tel: 02403-10382
45127	Essen	Tel: 0201-22050
45359	Essen	Tel: 0201-275089
53879	Euskirchen	Tel: 02251-941810
50226	Frechen	Tel: 02234-511731
58730	Fröndenberg	Tel: 02307-924880
74608	Geldern	Tel: 02831-939541
45879	Gelsenkirchen	Tel: 0209-1609110
45889	Gelsenkirchen	Tel: 0209-7091153
45894	Gelsenkirchen	Tel: 0209-16587722
45964	Gladbeck	Tel: 02043-992632
41515	Grevenbroich	Tel: 02181-819925
48599	Gronau	Tel: 02562-96667
51643	Gummersbach	Tel: 02261-30620
33330	Gütersloh	Tel: 05241-986772
42781	Haan	Tel: 02102-92638
58095	Hagen	Tel: 02331-91840
33790	Halle	Tel: 050201-18421
45721	Haltern	Tel: 02364-168369
59065	Hamm	Tel: 02381-9245117

45525	Hattingen	Tel: 02324-923411
42579	Heiligenhaus	Tel: 02056-569891
32049	Herford	Tel: 05221-885142
44623	Herne	Tel: 02323-910724
45699	Herten	Tel: 02366-303468
40721	Hilden	Tel: 02103-20195
59439	Holzwickede	Tel: 02307-924880
41836	Hückelhoven	Tel: 02433-90560
50354	Hürth	Tel: 02233-53507
37671	Höxter	Tel: 05271-2204
49477	Ibbenbüren	Tel: 05451-968620
58640	Iserlohn	Tel: 02378-3232
52428	Jülich	Tel: 02461-975617
41564	Kaarst	Tel: 02131-65105
59174	Kamen	Tel: 02307-924880
47475	Kamp-Lindfort	Tel: 02842-928420
47906	Kempen	Tel: 02152-205550
47533	Kleve	Tel: 02821-720922
47798	Krefeld	Tel: 02151-841214
47798	Krefeld	Tel: 02151-633717
47898	Krefeld	Tel: 02151-863625
50668	Köln	Tel: 0221-1603866
50670	Köln	Tel: 0221-120019
50672	Köln	Tel: 0221-25731(41)
50676	Köln	Tel: 0221-2074218
50679	Köln	Tel: 0221-882005
50765	Köln	Tel: 0221-5906482
50825	Köln	Tel: 0221-955700
50964	Köln	Tel: 0221-3673361
51103	Köln	Tel: 0221-875653
51143	Köln	Tel: 02203-9553618
32791	Lage	Tel. 05232-601547
40764	Langenfeld	Tel: 02173-794203
32657	Lemgo	Tel: 05261-13658
51373	Leverkusen	Tel: 0214-6027456
51375	Leverkusen	Tel: 02171-40080

51379	Leverkusen	Tel: 0214-45611
59555	Lippstadt	Tel: 02941-973410
32312	Lübbecke	Tel: 07541-34240
58507	Lüdenscheid	Tel: 02351-172213
44532	Lünen	Tel: 02306-1041422
32584	Löhne	Tel: 05732-689507
45770	Marl	Tel: 02365-414419
40670	Meerbusch	Tel: 02159-916536
59872	Meschede	Tel: 0291-290051
40822	Mettmann	Tel: 02104-926238
32423	Minden	Tel: 0571-8289971
47441	Moers	Tel: 02841-100145
40789	Monheim	Tel: 02173-56689
45470	Mülheim	Tel: 0208-404034
48127	Münster	Tel: 0251-4925031
48151	Münster	Tel: 0251-779411
41236	Mönchengladbach	Tel: 02166-254681
47506	Neukirchen-Vluyn	Tel: 02845-21653
41460	Neuss	Tel: 02131-924830
46045	Oberhausen	Tel: 0208-807020
47539	Oer-Ergenschwick	Tel: 02368-6274
57462	Olpe	Tel: 02761-81548
33098	Paderborn	Tel: 05251-122116
33100	Paderborn	Tel: 05251-500224
33102	Paderborn	Tel: 05251-13160
50259	Pulheim	Tel: 02238-808166
40878	Ratingen	Tel: 02102-711600
45657	Recklinghausen	Tel: 02361-27101
42853	Remscheid	Tel¨02191-696600
33378	Rheda-Wiedenbrück	Tel: 05242-326768
47495	Rheinberg	Tel: 02843-4666
48429	Rheine	Tel: 05971-862305
53757	St. Augustin	Tel: 02241-243261
53937	Schleiden	Tel: 02445-3687
583232	Schwelm	Tel: 02336-400341
58239	Schwerte	Tel: 02304-16761

59379	Selm	Tel: 02307-924880
53721	Siegburg	Tel: 02241-177818
57072	Siegen	Tel: 0271-236020
59494	Soest	Tel: 02921-9695013
42651	Solingen	Tel: 0212-204988
48565	Steinfurt	Tel: 02551-692858
52223	Stolberg	Tel: 02402-81007
59846	Sundern	Tel: 02933-7194
53840	Troisdorf	Tel: 02241-900527
59423	Unna	Tel: 02307-924880
42551	Velbert	Tel: 02051-952236-38
33415	Verl	Tel: 05246-7986
41748	Viersen	Tel: 02162-9389365
45731	Waltrop	Tel: 02309-957010
34414	Warburg	Tel: 05641-788813
48231	Warendorf	Tel: 02581-532246
58791	Werdohl	Tel: 02392-505393
59457	Werl	Tel: 02922-87040
42929	Wermelskirchen	Tel: 02196-7710524
59368	Werne	Tel: 02307-924880
46483	Wesel	Tel: 0281-15649
58452	Witten	Tel: 02302-9148447
42103	Wuppertal	Tel: 0202-302006
42105	Wuppertal	Tel: 0202-245770
42107	Wuppertal	Tel: 0202-49394142
42234	Wuppertal	Tel: 0202-2638623
42269	Wuppertal	Tel: 0202-5636194
42489	Wülfrath	Tel: 02058-3390
46509	Xanten	Tel: 02802-704184

RHEINLAND-PFALZ

57610	Altenkirchen	Tel: 02681-800820
55232	Alzey	Tel: 06731-96990
56626	Andernach	Tel: 02632-922181
67098	Bad Dürkheim	Tel: 06322-65625

56130	Bad Ems	Tel: 02603-962330
55543	Bad Kreuznach	Tel: 0671-842510
53474	Bad Neuenahr	Tel: 02641-3283
54470	Bernkastel	Tel: 06531-966015
57518	Betzdorf	Tel: 02741-97600
55411	Bingen	Tel: 06721-91770
54634	Bitburg	Tel: 06561-96710
56812	Cochem/Zell	Tel: 02671-61232
54550	Daun	Tel: 06592-95730
67227	Frankenthal	Tel: 06233-9170
55743	Idar-Oberstein	Tel: 06781-260544
67655	Kaiserslautern	Tel: 0631-60464
67657	Kaiserslautern	Tel: 0631-36380
55477	Kirchberg	Tel: 06763-932039
67292	Kirchheimbolanden	Tel: 06352-40040
56068	Koblenz	Tel: 0261-398201
56075	Koblenz	Tel: 0261-133480
66869	Kusel	Tel: 06381-4290044
56112	Lahnstein	Tel: 02621-92080
76829	Landau	Tel: 06341-83613
66849	Landstuhl	Tel: 06371-2846
67063	Ludwigshafen	Tel: 0621-520440
55116	Mainz	Tel: 06131-234577
55118	Mainz	Tel: 06131-224439
55120	Mainz	Tel: 06131-620553
56727	Mayen	Tel: 02651-98690
56410	Montabaur	Tel: 02602-160614
56355	Nasstetten	Tel: 06772-8475
67433	Neustadt	Tel: 06321-39290
56564	Neuwied	Tel: 02631-39220
55276	Oppenheim	Tel: 06133-609895
66953	Pirmasens	Tel: 06331-809127
54595	Prüm	Tel: 06551-971090
54439	Saarburg	Tel: 06581-3033
55469	Simmern	Tel: 06761-5142
67346	Speyer	Tel: 06232-600720

54290	Trier	Tel: 0651-715107
54292	Trier	Tel: 0651-2090054
56457	Westerburg	Tel: 02663-943025
54516	Wittlich	Tel: 06571-915510
67547	Worms	Tel: 06241-24490
66428	Zweibrücken	Tel: 06332-17583

SAARLAND

66424	Homburg	Tel: 06841-1040
66822	Lebach	Tel: 06881-52006
66663	Merzig	Tel: 06861-6010
66564	Ottweiler	Tel: 06824-9060307
66111	Saarbrücken	Tel: 0681-309060
66117	Saarbrückn	Tel: 0681-54019
66119	Saarbrücken	Tel: 0681-506274
66740	Saarlouis	Tel: 06831-42005
66386	St. Ingbert	Tel: 06894-926327
66606	St. Wedel	Tel: 06851-8010
66333	Völklingen	Tel: 06898-914760

SACHSEN

08626	Adorf	Tel: 037423-57835
01773	Altenberg	Tel: 035056-33362
09456	Annaberg-Buchholz	Tel: 03733-1880512
08209	Auerbach	Tel: 03744-2722764
04849	Bad Düben	Tel: 034243-33366
04651	Bad Lausick	Tel: 034345-24761
02625	Bautzen	Tel: 03591-481653
02994	Bernsdorf	Tel: 035723-20330
01877	Bischofswerda	Tel: 03594-703301
04552	Borna	Tel: 03433-274020
09618	Brand-Erbisdorf	Tel: 037322-2113
09217	Burgstedt	Tel: 03724-15870
09111	Chemnitz	Tel: 0371-6742623

09126	Chemnitz	Tel: 0371-5396100
09130	Chemnitz	Tel: 0371-4320826
01640	Coswig	Tel: 03523-87022
04509	Delitzsch	Tel: 034202-55059
01067	Dresden	Tel: 0351-4984715
01099	Dresden	Tel: 0351-8172500
01127	Dresden	Tel: 0351-8588118
01239	Dresden	Tel: 0351-2864244
01277	Dresden	Tel: 0351-3106625
01307	Dresden	Tel: 0351-4414004
04720	Döbeln	Tel: 03431-71260
04439	Engelsdorf	Tel: 0341-4776015
09557	Flöha	Tel: 0371-6945232
09669	Frankenberg	Tel: 037206-640
09599	Freiberg	Tel: 03731-22749
01705	Freital	Tel: 0351-6483390
08371	Glauchau	Tel: 03763-15819
04668	Grimma	Tel: 03437-948700
02779	Großschönau	Tel: 035841-2430
02826	Görlitz	Tel: 03581-402262
01809	Heidenau	Tel: 03529-86693
09337	Hohenstein-Ernstthal	Tel: 03723-413205
02977	Hoyerswerda	Tel: 03571-979256
01917	Kamenz	Tel: 03578-374323
08248	Klingenthal	Tel: 037467-25922
02991	Lauta	Tel: 035722-96739
04107	Leipzig	Tel: 0341-70246117
04109	Leipzig	Tel: 0341-9636120
04129	Leipzig	Tel: 0341-903110
04155	Leipzig	Tel: 0341-9614121
04177	Leipzig	Tel: 0341-4799464
04275	Leipzig	Tel: 0341-30690301
04177	Leipzig	Tel: 0341-4799464
09350	Lichtenstein	Tel: 037204-80043
02708	Löbau	Tel: 03585-400575
09496	Marienberg	Tel: 03735-91150

04416	Markkleeberg	Tel: 0341-3911080
04420	Markranstedt	Tel: 034205-83241
01662	Meissen	Tel: 03521-469620
09648	Mitweida	Tel: 03727-953735
02727	Neugersdorf	Tel: 03586-786708
09243	Niederfrohna	Tel: 03722-93093
02906	Niesky	Tel: 03588-203888
08606	Oelsnitz	Tel: 037421-20991
02736	Oppach	Tel: 035872-39342
01796	Pirna	Tel: 0351-522154
08523	Plauen	Tel: 03741-220505
01454	Radeberg	Tel: 03528-498360
01445	Radebeul	Tel: 0351-8951825
08468	Reichenbach	Tel: 03765-67063
01587	Riesa	Tel: 03525-633796
09306	Rochlitz	Tel: 03737-493121
08228	Rodewisch	Tel: 03744-335
04435	Schkeuditz	Tel: 034204-62425
08301	Schlema	Tel: 03772-360119
08289	Schneeberg	Tel: 03772-22519
08340	Schwarzenberg	Tel: 03774-22728
01855	Sebnitz	Tel: 035971-53263
09366	Stollberg	Tel: 037296-87735(46)
04425	Taucha	Tel: 034298-30491
04860	Torgau	Tel: 03421-711679
02943	Weißwasser	Tel: 03576-204260
08412	Werdau	Tel: 03761-390380
04808	Wurzen	Tel: 03425-891613
02763	Zittau	Tel: 03583-512152
09405	Zschopau	Tel: 03725-84962
08056	Zwickau	Tel: 0375-3903834
08066	Zwickau	Tel: 0375-453722

SACHSEN-ANHALT

06449	Aschersleben	Tel: 03473-925580
06628	Bad Kösen	Tel: 034463-61696
39249	Barby	Tel: 039298-3801
06046	Bernburg	Tel: 03471-13140
06749	Bitterfeld	Tel: 03493-378815
38889	Blankenburg	Tel: 03943-365158
39240	Calbe	Tel: 039291-2396
06842	Dessau	Tel: 0340-3505454
06844	Dessau	Tel: 0340-2042758
39638	Gardelegen	Tel: 03907-774190
06773	Gräfenhainichen	Tel: 034953-39087
38820	Halberstadt	Tel: 03941-26098
39340	Haldensleben	Tel: 03904-464629
06108	Halle	Tel: 0345-293590
06112	Halle	Tel: 0345-2023168
06114	Halle	Tel: 0345-520410
06126	Halle	Tel: 0345-6901248
06128	Halle	Tel: 0345-7748206
06130	Halle	Tel: 0345-2023169
06366	Köthen	Tel: 03496-555473
06295	Lutherstadt/Eisleben	Tel: 03475-654900
06886	Lutherstadt/Wittenberg	Tel: 03491-411040
39104	Magdeburg	Tel: 0391-8112883
39112	Magdeburg	Tel: 0391-7905517
39110	Magdeburg	Tel: 0391-7391089
39124	Magdeburg	Tel: 0391-5403410
06217	Merseburg	Tel: 03461-211525
06618	Naumburg	Tel: 03445-200933
06642	Nebra	Tel: 034461-22354
39387	Oschersleben	Tel: 03949-99379
39606	Osterburg	Tel: 03937-82470
06484	Quedlinburg	Tel: 03946-9611220
06862	Roßlau	Tel: 034901-91147
29410	Salzwedel	Tel: 03901-42118

06526	Sangerhausen	Tel: 03464-515197
39218	Schönebeck	Tel: 03928-65720
39418	Staßfurt	Tel: 03925-925421
39527	Stendal	Tel: 03931-712855
06502	Thale	Tel: 03947-2949
06667	Weißenfels	Tel: 03443-303617
06766	Wolfen	Tel: 03404-43601
39326	Wolmirstedt	Tel: 039201-67108
06712	Zeitz	Tel: 03441-212044
39261	Zerbst	Tel: 03923-702165

SCHLESWIG-HOLSTEIN

22926	Ahrensburg	Tel: 04102-41000
23843	Bad Oldesloe	Tel: 04531-3802
23795	Bad Segeberg	Tel: 04551-908440
24582	Bordesholm	Tel: 04322-6616
25541	Brunsbüttel	Tel: 04852-7371
24340	Eckernförde	Tel: 04351-2593
25335	Elmshorn	Tel: 04121-897939(99)
23701	Eutin	Tel: 04521-70210
24937	Flensburg	Tel: 0461-503260
24939	Flensburg	Tel: 0461-852679
21502	Geesthacht	Tel: 04152-72977
21509	Gelinde	Tel: 040-71000411
25348	Glückstadt	Tel: 04121-5954
25746	Heide	Tel: 0481-74851
24594	Hohenwestett	Tel: 04871-4469
25813	Husum	Tel: 04841-670
25524	Itzehoe	Tel: 04821-68892
24568	Kaltenkirchen	Tel: 04191-3442
24376	Kappeln	Tel: 04642-5522
24103	Kiel	Tel: 0431-92072
24116	Kiel	Tel: 0431-9013616
23552	Lübeck	Tel: 0451-799190
23556	Lübeck	Tel: 0451-4815120

23566	Lübeck	Tel: 0451-5028290
25704	Meldorf	Tel: 04832-6767
24534	Neumünster	Tel: 04321-418875
23730	Neustadt	Tel: 04561-51330
22848	Norderstedt	Tel: 040-5241785
23751	Oldenburg	Tel: 04361-512410
25421	Pinneberg	Tel: 04101-205744
24211	Preetz	Tel: 04342-71723
24768	Rendsburg	Tel: 04331-590332
22869	Schenefeld	Tel: 040-83099664
24837	Schleswig	Tel: 04621-381111
22880	Wedel	Tel: 04103-1808320

THÜRINGEN

04600	Altenburg	Tel: 03447-504996
99510	Apolda	Tel: 03644-562735
99310	Arnstadt	Tel: 03628-738469
99947	Bad Langensalza	Tel: 03603-842994
36433	Bad Salzungen	Tel: 03695-603883
99752	Bleicherode	Tel: 036338-30024
07774	Camburg	Tel: 036421-22413
37351	Dingelstätt	Tel: 036075-340
99817	Eisenach	Tel: 03691-203579
07607	Eisenberg	Tel: 036691-48428
98673	Eisfeld	Tel: 03686-301920
99084	Erfurt	Tel: 0361-5627385
99086	Erfurt	Tel: 0361-6714144
07545	Gera	Tel: 0365-8303005
07548	Gera	Tel: 0365-881425
99867	Gotha	Tel: 03621-301003
07973	Greiz	Tel: 0365-8212245
07973	Greiz	Tel: 03661-876326
37308	Heiligenstadt	Tel: 03606-67926
99765	Heringen	Tel: 036333-60174
07629	Hermsdorf	Tel: 036601-25303

98646	Hildburghausen	Tel: 03685-403731
98693	Ilmenau	Tel: 03677-882054
07743	Jena	Tel: 03641-425507(09)
07745	Jena	Tel: 03641-494651
37327	Leinefelde	Tel: 03605-502741
07356	Lobenstein	Tel: 036651-67337
99974	Mühlhausen	Tel: 03601-440034
98724	Neuhaus	Tel: 03679-782717(28)
37345	Neustadt	Tel: 036077-20267
99734	Nordhausen	Tel: 03631-623916
07381	Pößneck	Tel: 03647-440326
06571	Roßleben	Tel: 034672-93876
07407	Rudolstadt	Tel: 03672-823740
07318	Saalfeld	Tel: 03671-523713
07907	Schleitz	Tel: 03663-466920
98574	Schmalkalden	Tel: 03683-604551
04626	Schmölln	Tel: 034491-27793
99706	Sondershausen	Tel: 03632-601392
96515	Sonneberg	Tel: 03675-804111
07646	Stadtroda	Tel: 036428-44913
98527	Suhl	Tel: 03681-3700
99610	Sömmerda	Tel: 03634-320660
99423	Weimar	Tel: 03643-762592
98544	Zella-Mehlis	Tel: 03682-46146
07937	Zeulenroda	Tel: 036628-47218